80 多个精彩的军事故事

120 多位军事名人

186 千生动文字

300 多幅精美图片

构筑成一座异彩纷呈的世界军事博物馆

精彩的故事引领你进入异彩纷呈的军事殿堂，开始一段愉快的读书之旅

世界 5000 年

Five Thousand Years
of World Military Stories

军事故事

翟文明 黎娜 编著

光明日报出版社

图书在版编目（CIP）数据

世界 5000 年军事故事 / 翟文明，黎娜编著 .—2 版 .—北京：光明日报出版社，（2025.1 重印）

ISBN 978-7-80145-833-9

Ⅰ . 世… Ⅱ .①翟…②黎… Ⅲ . 军事史—世界—通俗读物 Ⅳ .E19-49

中国国家版本馆 CIP 数据核字 (2005) 第 142276 号

世界 5000 年军事故事

SHIJIE 5000 NIAN JUNSHI GUSHI

编　　著：翟文明　黎　娜

责任编辑：李　娟　　　　　　　　　责任校对：徐为正
封面设计：玥婷设计　　　　　　　　封面印制：曹　净

出版发行：光明日报出版社
地　　址：北京市西城区永安路 106 号，100050
电　　话：010-63169890（咨询），010-63131930（邮购）
传　　真：010-63131930
网　　址：http://book.gmw.cn
E - mail：gmrbcbs@gmw.cn
法律顾问：北京市兰台律师事务所龚柳方律师

印　　刷：三河市嵩川印刷有限公司
装　　订：三河市嵩川印刷有限公司
本书如有破损、缺页、装订错误，请与本社联系调换，电话：010-63131930

开　　本：170mm×240mm
字　　数：186 千字　　　　　　　　印　　张：14.5
版　　次：2010 年 1 月第 2 版　　　印　　次：2025 年 1 月第 4 次印刷
书　　号：ISBN 978-7-80145-833-9

定　　价：36.00 元

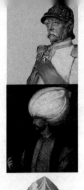

前言

Five Thousand Years of World Military Stories

为了让读者轻松地学习和了解世界军事知识，我们组织编写了这部《世界5000年军事故事》，本书具有以下特色：

一、编者精心遴选了80余个对世界历史进程产生深远影响的军事故事，上起公元前1285年的卡叠石战役，下迄伊拉克战争，以时间为线索，用轻快活泼的文字简单勾勒出世界军事发展的大致轮廓，深入浅出，通俗易懂，融知识性、趣味性和艺术性于一体。

二、编写体例创新，在描述战争本身的"历史回顾"之外，设置多个辅助栏目，对军事战争的发生、进程、结果以及影响等进行分析、总结和延伸，以加强知识的深度和广度，通过较小的篇幅清晰而完整地讲述每一个精彩的军事故事。另外，本书的四个专题还分别从冷兵器、拿破仑时代的骑兵装备、武器训练、特种部队对军事故事做了解析，让读者更全面、深入地了解世界军事。

三、图文配合，精选了300余幅与文字内容相契合的精美插图，包括人物画像、武器等文物图片，以及各种复原图、重大战争示意图和古战场遗址照片等，立体、直观地展示世界军事，让读者更真切地走近战争，走进历史。

四、在版式设计上，注重传统文化底蕴与现代设计手法的结合，营造轻松的阅读氛围，使读者不仅能直观地领略每一场惊心动魄的重大战争，而且能获得更多审美感受和想象空间。

本书无论体例编排还是整体设计，都注重人文色彩和科学理念的有机结合，全力营造一个具有丰富文化信息的阅读空间，引领读者轻松进入军事世界，开始一段愉快的读书之旅。

世界 5000 年军事故事

目录

专题

扫码获取
更多资源

卡叠石战役

——埃赫争霸战

交战双方：埃及军队
　　　　　赫梯军队

交战时间：公元前 1285 年

双方将帅档案：埃及统帅为埃及第十九王朝法老拉
　　美西斯二世

　　　　　　　赫梯统帅为赫梯国王穆瓦塔鲁

双方投入军力：埃及军力有四个军团，约 2 万人

　　　　　　　赫梯军力有 2 万余人

双方使用武器：埃及使用青铜武器、战车

　　　　　　　赫梯使用铁兵器、战车

战争结果：赫梯国退守卡叠石城，埃及撤军

历史回顾

在拉美西斯二世统治时期，来自小亚细亚的赫梯人发展起来，成为埃及最大的心腹之患。赫梯人不断向外扩张，攻占了叙利亚和巴勒斯坦，还攻陷了巴比伦帝国的首都巴比伦。接着，为了争夺中东，又与埃及打了起来。

拉美西斯二世即位后第五年的 4 月末，他亲自率领四个军团 2 万余人从三角洲出发，沿海岸北上，远征叙利亚。在出发的第 29 日进至卡叠石城附近宿营，此时法老对敌方军情尚无确切了解。

赫梯国王获悉消息后，决定利用卡叠石城地势险峻、易守难攻的天然优势，采用间谍计，诱敌深入，一举歼灭埃及军队。

埃及四大军团以梯队形式向卡叠石进军，法老拉美西斯二世进攻心切，亲自率领第一梯队冲在前面。大军距卡叠石城约 8 公里之遥，前面哨兵突然发现两名行踪可疑之人，慌慌张张向南跑。埃及士兵立即抓住他们。经拷问获知：赫梯国王十分害怕埃及大军，躲藏在卡叠石以北的哈尔帕。卡叠石城内空虚，没有多少兵力，所以他们为保全性命乘机逃跑。法老未加思考，信以为真，认为这是攻克卡叠石城的大好时机。因此，命令部队加速向卡叠石城前进。四路梯队间的距离逐渐拉开。

法老率军攻至城下，才知道中计。而这时赫梯国的军队已按照计划包围了埃及法老的大军，并调集战车向法老身后的第二梯队进攻。

突如其来的进攻使埃及后进部队猝不及防，只好向后败退。赫梯军队又回转身从后面攻击法老的第一梯队。四面受敌的法老立即下令集中兵力向后突围，赫梯军队陷入混乱当中。赫梯国王处乱不惊，重新组织军队，再次向法老进攻。埃及军队左冲右突，杀出重围。但赫梯大军紧追不舍，法老只好命人放出平时养的一群战狮，才得以脱身。

赫梯将士冲入法老军营，被埃及国王携带的财物吸引，纷纷扔下武器，争抢这些财物。埃及第二梯队的残兵与第三梯队会合后又杀了过来，把只顾抢夺财宝的赫梯兵打得七零八落。

世界 5000 年 军事故事

二

历史背景

大约形成于公元前 19 世纪中叶的赫梯国家，经过国王铁列平的改革，国势日盛。公元前 15 世纪末至公元前 13 世纪中期，赫梯达到最强盛。赫梯在摧毁了米坦尼王国之后，趁埃及埃赫那吞改革之机，夺取埃及在叙利亚的领地，开始与埃及争霸。埃及第十九王朝的法老们，都与赫梯交过手。埃及法老拉美西斯二世继位后，经过 5 年的改革，国力大增，拉美西斯二世决定用武力恢复在叙利亚的统治。到公元前 1285 年，埃及和赫梯对叙利亚的争夺进入白炽化，终于导致了这场卡叠石战役。

赫梯国王将剩余的战车和士兵调集起来，对埃及军队进行了第三次进攻。埃及将士奋勇抵挡，双方死伤无数。忽然，赫梯军队的后方一片混乱，喊杀声震耳，原来是埃及的最后一支

阿布辛贝勒神庙壁画
前有士兵开路，旁有驯养的豹，拉美西斯二世站在战车上指挥作战。拉美西斯二世是古埃及第十九王朝法老，其执政时期是埃及新王国最后的强盛年代。他进行了一系列的远征，以恢复埃及对巴勒斯坦的统治。

赫梯国王穆瓦塔鲁在卡叠石附近集结军队2万人和战车2500辆迎击拉美西斯二世。赫梯军队诱使埃及先头部队进入伏击地，造成埃及军损失惨重。埃及后续部队赶到后，以严整的战斗队形攻击对方翼侧。赫梯国王也投入步兵和战车，猛冲埃及中路军。战斗十分激烈，双方势均力敌。

梯队赶到。埃及军队为之一振，将士们作战更加勇猛。赫梯军队腹背受敌，阵脚大乱，士兵伤亡惨重。赫梯国王无力再战，只好下令收兵，退守卡叠石。

卡叠石战役是埃赫争霸中的一次著名战役。在战役中，赫梯略占上风，成功击退了埃及的进攻，巩固了自己在叙利亚的地位。究其原因，赫梯人主要胜在了武器上，当时赫梯兵种主要是战车和步兵，步兵处于一种辅助地位，战车兵是主要打击力量。赫梯战车比埃及战车要大，埃及战车一般两人，而赫梯战车为双马三员，一名驭手，一名持盾兵，一名装备弓箭和标枪的战士。卡叠石之役赫梯投入作战的战车达3500辆，远远多于埃及军队。不仅如此，赫梯还是世界上最早使用铁制兵器的国家，而埃及军队装备的仍然是青铜兵器。赫梯军队在装备上要强于埃及军队。

在这次战役中，赫梯方虽然略占上风，但叙利亚的归属问题仍然没能解决，致使双方在此后的16年中战事不断。到公元前1296年，双方无力再战，不得不缔结了银板和约。银板和约是用赫梯的楔形文字雕刻的，后来又用埃及的象形文字把合约内容刻到埃及一个寺庙的墙壁上。这份和约是最早的国际条约，也是世界上最早的和平条约。

双方的策略战术

赫梯国有计划，有部署；设计诱敌深入；利用有利地形，包围埃及军队。

埃及军采用纵深梯队形式进行作战，先头军队得到后继部队的援助，里应外合，突破重围。

重要意义

埃及与赫梯长久的争霸使两个称雄一时的国家日渐衰落。

赫梯是一个习惯于征战的民族，世代征战让赫梯人认识到没有强劲的军队是不行的。赫梯历代国王保持有一支人数多达30万的军队，他们的武器在当时非常先进，使用的是短斧、利剑和弓箭。

特洛伊战争

——木马计的故事

交战双方：希腊联军

特洛伊盟军

交战时间：公元前 12 世纪末

双方将帅档案：希腊联军统帅为迈锡尼国王阿伽门农

特洛伊盟军统帅为特洛伊国大王子赫克托尔

双方投入军力：希腊联军 10 万大军

特洛伊盟军为全部军力

双方使用的武器：希腊联军使用刀、盾、矛、箭、木马等

特洛伊盟军使用刀、盾、矛、箭等

交战结果：希腊联军以木马计攻破特洛伊城取得胜利

历史回顾

　　希腊人率领自己的联合舰队从位于尤卑亚海峡的奥里斯出发，在小亚细亚海岸登陆后，在特洛伊平原上建立了一个巩固的大本营，然后迅速包围了特洛伊城。

　　特洛伊城地势险要，易守难攻。阿伽门农每次攻打都遭到特洛伊盟军的反击。战争持续了 9 年，双方损兵折将，死伤无数。

　　转眼进入第十个年头，希腊联军中最勇敢的战将阿喀琉斯因和主帅阿伽门农争夺女俘而退出了战斗。其好友借用他的盔甲、盾牌和武器去攻城，结果被特洛伊人的统帅、太子赫克托尔杀死。阿喀琉斯知道后怒火冲天，重返战场，要为好友报仇。赫克托尔出城应战，与阿喀琉斯杀得难分难解，最终赫克托尔因体力不支而战死沙场。

　　特洛伊人见统帅被杀，发起了猛烈的反攻。海伦知道阿喀琉斯的弱点在脚后跟，便帮助小王子帕里斯寻找机会，用毒箭射中了阿喀琉斯的脚后跟。阿喀琉斯中毒身亡，帕里斯也在这场战役中被希腊将士用乱箭射死，战争陷入僵局。

特洛伊城久攻不下，阿伽门农只好采取了奥德修斯的计策。

一连数日，希腊人不再攻城，战场上出现少有的平静。特洛伊人很奇怪。更奇怪的事发生了，一天早晨，特洛伊人突然发现躁动的希腊军营空荡荡的，海面上高挂着希腊联军旗帜的战舰向远处驶去。饱受战争之苦的特洛伊将士和老百姓欢腾起来，纷纷走出城门，庆祝希腊人的撤走。

突然，人们发现希腊军营中有一个巨大的木马。特洛伊人好奇地围着转来转去，并不明白是什么意思。他们猜测：希腊人攻打特洛伊，激怒了天神，天神派木马降临赶跑了他们。于是，特洛伊将士和百姓纷纷跪祭木马，感谢天神的保佑。特洛伊国王还吩咐手下将这宝物拉到城里。木马太大，城门进不去。国王下令推倒一段城墙，这才把木马拉进城里。

历史背景

小亚细亚西部海岸特洛伊国王的小儿子帕里斯，在希腊半岛受到斯巴达国王的款待。年轻貌美的斯巴达王后海伦被英俊潇洒的帕里斯吸引，帕里斯也情不自禁地爱上了海伦。当晚帕里斯就带海伦回了特洛伊。斯巴达国王大怒，发誓要攻破特洛伊，夺回海伦。于是他求助于希腊半岛上的各国，组织10万大军，由他哥哥迈锡尼国王阿伽门农统率，横渡爱琴海，攻打特洛伊。实际上特洛伊战争的真正原因在于希腊人垂涎于特洛伊的富有，企图占有这个位于希腊通往里海的交通要道上的重要城市。

表现特洛伊战争的想象图

希腊军队采用了奥德修斯的计策，军士们藏在巨大的木马之中，特洛伊人把木马拖进城，希腊人破马而出，里应外合，攻下了特洛伊城，长达10年之久的特洛伊战争结束。

整个特洛伊城沸腾了，为庆祝胜利，一桶桶的美酒被喝得精光，守城将士都昏醉在岗位上。

黎明时分，茫茫的海面上突然闪现灯光，一艘艘战舰向特洛伊疾驶而来。这时，木马的肚子里冲出数十位全副武装的希腊勇士。守城的特洛伊士兵还未反应过来就成了刀下鬼。希腊勇士打开城门，10 万希腊大军如潮水般涌进特洛伊城。10 年未被攻破的特洛伊城瞬间被希腊人占领了。他们杀死了特洛伊国王，烧光了特洛伊城，斯巴达国王如愿夺回了海伦。

双方战略战术

希腊人在 9 年强攻未果的情况下，巧施木马计，攻下特洛伊城，是强攻与用计相结合的精彩战例。

重要意义

这场战争是爱琴海地区各城邦战争的一部分。希腊的胜利，不仅使希腊人确立了在这一地区的霸权地位，也为希腊伟大的文明兴起奠定了坚实的基础。

一个女人——美丽的斯巴达王后海伦，引起了一场战争。这似乎是在人类天真的童年时代的希腊神话里才会有的事情，那时的人们想哭便哭，想笑便笑，活得真实而富有勃勃生气。

亚述战争

——亚述人的征服

交战双方：亚述军队
　　　　　叙利亚、腓尼基、巴勒斯坦、巴比伦、埃兰、
　　　　　埃及等军队

交战时间：公元前746年～公元前605年

双方将帅：亚述军统帅为亚述国的国王
　　　　　被侵略国统帅为被侵略国的国王

双方投入的兵力：亚述军队数万人
　　　　　　　　被侵略国的军队共几十万人

双方使用的武器：亚述国使用铁制武器、投石机、
　　　　　　　　攻破槌、战车等
　　　　　　　　被侵略国使用青铜武器、战车

交战结果：亚述人征服了各国，建立了强大的军事帝国

历史回顾

公元前746年，亚述国王提格拉·帕拉萨三世，把亚述人好战的习性体现得淋漓尽致。征服是他最大的欲望，每一次对外的征服都助长了他扩张的野心。公元前745年，亚述国王提格拉·帕拉萨三世以协助平定反乱为名，在巴比伦国建立了亲亚述政权。前744年，亚述人率先向东北开始扩张，顺利征服了米底各部落。

两次征战的胜利，助长了提格拉·帕拉萨三世的扩张欲。前743年他率领大军进攻大马士革城。大马士革城体坚固，守城将士和城中百姓，

历史背景

公元前8世纪～前7世纪，古老的亚述人生活在以亚述城为中心不大的地域内，国土、资源非常有限，还经常受到周围异族的进攻。为了抵御各民族的威胁，亚述人养成了好战的性格，并建立一支精良部队，开始了他们漫长的扩张疆土的征战。

奋勇杀敌，拼死保守大马士革。亚述国王见久攻不下，急忙调集投石机，向大马士革城内发射巨大的石块和熊熊燃烧的油桶。投石机是古罗马和中世纪时代的一种攻城武器，凭借金属外壳的保护，机内的将士可把巨石投进敌方的城墙和城内，造成破坏。

一时间，整个大马士革城一片火海，城内士兵和百姓都无心继续守城。亚述将士还用装有巨大金属撞角的攻城槌对城门和城墙发起攻击，大马士革城被攻陷。

亚述国王对大马士革人的顽强抵抗极为恼火，命令士兵大肆屠杀城内军民，还让战俘躺在削尖的木桩上，直到死去。

亚述国王的暴行使周边震惊，以色列、叙利亚、巴勒斯坦及阿拉伯等十九国结成联盟，在黎巴嫩山区展开了对亚述人的反抗会战。亚述人凭借精良的装备及训练有素的将士击败了联军。

十九国联军俯首称臣后，亚述国王开始北伐乌拉尔图。乌拉尔图倚仗险峻的地势和顽强的抵御，使亚述人连胜势头有所收敛。然而，亚述人不甘心，又转而西征，并大获全胜。公元前 714 年，

亚述军队步兵像

在国王提格拉特·帕拉萨三世时代，亚述人建立了一支当时世界上兵种最齐全、装备最精良的常备军，分为战车兵、骑兵、重装步兵、轻装步兵、攻城兵、工兵等。提格拉特·帕拉萨三世和他的后代，凭借强大的军队，进行了一系列的侵略战争，成为两河流域和北非一带最强大的军事强国。

亚述帝国的军队拥有当时最强大的攻城武器——投石机，它们是一个个巨大的木框，里面装有一种特制的转盘，上面绞着用马鬃和橡树皮编成的绳索，只要用力一拉，就能射出巨大的石弹和燃烧着的油桶。他们还有一种攻城锤，是由青铜铸成的，攻城时用来撞击城墙。公元前 701 年，亚述国王辛那赫里布率领他的军队攻打耶路撒冷的堡垒——拉凯斯，他们修筑了一条石质斜坡，把重型攻城机器移上斜坡，直至城墙下，彻底摧毁了拉凯斯的城墙。

亚述再次北伐，国王率大军翻山涉水，抄小道直奔乌拉尔图的腹地。乌拉尔图守兵猝不及防，锐气尽挫，整个穆萨西尔城被亚述人洗劫一空。

对外征服是亚述国的传统，不管是哪届国王，都充满了征服的欲望。为取得两河流域的霸权地位，辛那克里布继任亚述国王后，突袭没有任何防备的巴比伦城，巴比伦被攻陷，其国王迦勒底也成了辛那克里布的俘虏。公元前667年，刚继位的亚述国王巴尼拔，在第一次进军埃及失利后，在卡尔巴尼特与埃及军队展开会战。虽然埃及将士拼命抵抗，但仍无法阻挡亚述军的进攻。埃及法老提哈卡趁乱逃走，埃及首都孟菲斯被亚述大军洗劫。

亚述的军事组织和技术

亚述军队在对外扩张中所以能取得一系列胜利，重要原因在于他们有一整套较完备的军事组织和先进的技术。从军事史的角度来看，亚述征服不但加速了军事装备水平的发展进程，还促进了军事组织和军事技术的提高。

首先体现在兵种上。亚述军队是当时兵种较齐全的军队，编制有轻装步兵（无甲弓箭手、投石手、投枪手，使用藤盾）、重装步兵（披金属盔甲，执金属盾牌的枪手）、骑兵（使用弓和矛，披戴盔甲，后期马匹也披甲）、战车兵（两轮战车上一个驭手，一或两个弓手，两个盾牌手）、工兵（开路架桥、建筑营垒、操纵攻城器械等），以及辅助部队和运输奴隶等，还初步建立起一支海军。

其次是军事装备。亚述的军事装备在当时是先进的。

有用以攻击城堡的有效武器——撞城车，车头上装有巨大金属撞角，车体覆有保护层（金属、棉被等），车内配有操纵人员。

此外还有云梯、发射石弹的弩、可与城墙平高的活动塔楼（弓手在塔楼上向城里放箭）、攻城弓手所用的一人高的掩护大盾、士兵渡河用的充气羊皮浮子等。

最重要的一点是，长期的战争促进了亚述人军事战术的发展。正面攻击、侧翼攻击、排列进军队形、抢占地势和水源等战略战术在亚述对外征服过程中已经被使用。另外，亚述人还广泛地进行军事侦察和谍报工作，并十分重视保障交通线和通讯联络。

重要意义

亚述帝国的扩张战争，给各族人民带来深重灾难，严重破坏了社会生产力；另一方面亚述的新兵种、新战法和新武器在世界军事史上又具有深远影响。

亚述国王塑像

在亚述国王的领导下，这个帝国的统治在公元前7世纪达到巅峰，领土从波斯湾一直延伸到地中海，包括巴勒斯坦和埃及在内。

波斯的崛起

——骑兵时代的到来

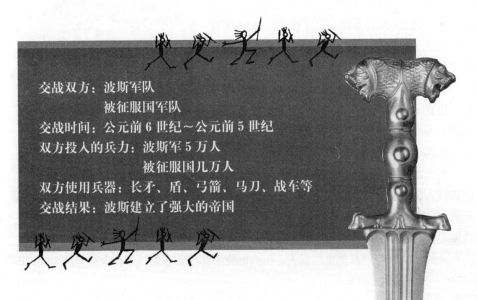

交战双方：波斯军队
　　　　　被征服国军队

交战时间：公元前 6 世纪~公元前 5 世纪

双方投入的兵力：波斯军 5 万人
　　　　　　　　被征服国几万人

双方使用兵器：长矛、盾、弓箭、马刀、战车等

交战结果：波斯建立了强大的帝国

历史回顾

　　为了实现宏伟目标，波斯国王居鲁士二世首先组织了一支 5 万人的强大常备军队。这支军队由步兵、战车和骑兵组成，骑兵是主要兵种。士兵装备有弓箭、短矛和剑，配有藤制盾牌和鱼鳞铠甲护身。另外，他还进一步完善了征兵制度，远征期间可以随时由当地居民补充。

　　一切准备就绪，居鲁士二世开始实施他的远征计划。

　　公元前 549 年，居鲁士二世首先征服两河流域的埃兰，将首都移到埃兰的首都苏撒。随后又用一年的时间先后征服了帕提亚、希尔卡尼亚和亚美尼亚等地，几乎把米底人当时的领地都纳入了自己的统治之下。

　　波斯的崛起，引起小亚细亚强国吕底亚王国的不安，国王克洛伊索斯决定联合小亚细亚诸希腊城邦、斯巴达及埃及一同对付波斯。当时居鲁士计划先夺取巴比伦尼亚王国，再征服小亚细亚。

波斯金剑

这柄金质短剑长 17 英寸，剑柄以两头咆哮的狮子作装饰，在沿剑身靠近剑脊处已进行了加固，表明这把剑不仅仅为波斯人仪式之用。

当吕底亚国王率军进攻波斯的臣属国卡帕多细亚时，居鲁士改变了战略，先在卡帕多细亚彻底消灭失去盟军支持的吕底亚王国的军队，继而一举征服了小亚细亚诸城邦，切断了巴比伦王国的商路。

公元前539年，居鲁士二世借巴比伦尼亚国内矛盾尖锐之机，轻易地攻占了巴比伦城。接着，他又征服了三个中亚国家——巴克特里亚、索格地安那、花剌子模。

公元前6世纪，居鲁士二世在被征服的广大地区建立了一个庞大的国家。当时的波斯帝国西起地中海，东至印度河，北接里海，南及波斯湾，幅员极其辽阔。

公元前530年，居鲁士二世又对游牧部落马萨吉特人发起了远征。在战斗中，波斯远征军被歼灭，居鲁士二世阵亡。居鲁士二世的儿子冈比西继位后，于公元前525年远征埃及。在佩卢修姆战役中，波斯人一举击败埃及军队，从而征服了埃及。

此时的波斯帝国虽然更加强大，但内部统治却极不牢固，不但内部矛盾尖锐，而

波斯常备军

这些瓷砖是以沙子和石灰为原料制成，有些学者把瓷砖上的弓箭手鉴定为波斯常备军精英1万名不死队的成员。波斯常备军达5万人，在大规模征战期间，还征集当地居民补充。这支军队由步兵、战车和骑兵组成，其中骑兵是主要兵种。

且被征服地的人民也纷纷起来反抗。公元前522年，爆发了高墨达起义。在埃及的冈比西听到消息后，立即返回波斯，但在途中去世。大流士等贵族镇压了暴动，大流士当上波斯国王，被称为大流士一世。

大流士一世继续推行扩张政策。公元前512年，大流士一世率军渡过伊斯特尔河（多瑙河），侵入黑海北部沿岸地区的斯基福，遭到了斯基福人的袭击，被迫退到伊斯特尔河以南。公元前517年，大流士率军征服了印度河流域和巴尔干半岛的色雷斯地区。

波斯帝国在大流士一世时期空前强大，成为世界古代史上第一个横跨欧亚非三洲的大帝国。然而，波斯的征服并未结束，波斯军队继续西进，爆发了历史上有名的希波战争。希波战争后，波斯帝国元气大伤，开始走向衰落。

波斯军事战术特点

步兵和舰队多次进行联合征战；大批登陆兵登陆作战；大量使用骑兵。

波斯军队的战斗队形由弓箭手、矛兵、战车和骑兵组成，有时还有战象配置在数条战线，各兵种分工协作，相互配合。

一线由战车、战象或弓箭手组成，用以冲击敌人，打乱敌人的战斗阵形；二线由重步兵组成，是战斗中的主力军，负责在短兵相接的战争中消灭敌人，两翼配置强大的骑兵掩护；三线由战车和骑兵组成，用以追击溃逃的敌人。

在整个战斗队形之后，预备队一线列开，以备战时应急之用和监督军队中临阵脱逃的兵士。

波斯人在征服过程中，注重军事改革，采取随时随地补给兵源及财物的策略，解决了前线军队的后勤补给问题。

重要意义

波斯帝国的兴起，在古代文明史中占有重要地位，对地中海地区社会经济、政治、军事，乃至文化都有较深远的影响。在军事上，波斯人建立了强大的骑兵，使得骑兵在以后的战争中成了重要的作战兵种。波斯人的军事技术和军事创新极大地促进了世界军事史的发展。

大流士一世雕塑
大流士一世原为阿黑明尼德王族支系的军事贵族。他在位期间（公元前522～前486），对外推行军事扩张政策，对内为了适应庞大帝国的需要和加强奴隶主专制统治，进行了一系列改革。

希波陆军战争

——西方战阵与东方骑兵的较量

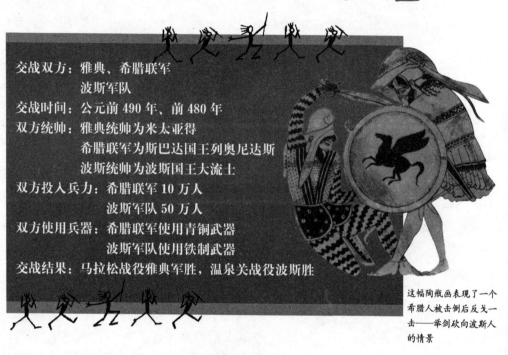

交战双方：雅典、希腊联军
　　　　　波斯军队

交战时间：公元前 490 年、前 480 年

双方统帅：雅典统帅为米太亚得
　　　　　希腊联军为斯巴达国王列奥尼达斯
　　　　　波斯统帅为波斯国王大流士

双方投入兵力：希腊联军 10 万人
　　　　　　　波斯军队 50 万人

双方使用兵器：希腊联军使用青铜武器
　　　　　　　波斯军队使用铁制武器

交战结果：马拉松战役雅典军胜，温泉关战役波斯胜

这幅陶瓶画表现了一个希腊人被击倒后反戈一击——举剑砍向波斯人的情景

历史回顾

公元前 500 年，小亚细亚诸希腊城邦不满波斯的压迫，爆发了起义。雅典和埃雷特里亚派军舰支援，希波战争拉开了序幕。

公元前 492 年，波斯人镇压了起义之后，以雅典和埃雷特里亚支援起义为借口，派海、陆两路大军进攻希腊本土。埃雷特里亚很快被攻克。大流士一世在进军雅典时，遭到飓风的袭击，海军几乎全军覆没，陆军在进军中也遭到色雷斯的伏击，被迫退军。

公元前 490 年春，大流士一世调集 10 万大军第二次远征希腊。波斯军在距雅典 40 多公里的马拉松草原登陆，马拉松会战开始。这是一场力量极为悬殊的较量。

当时，雅典城内仅有一万多名士兵。统帅米太亚得根据马拉松平原三面环山一面濒海，地形狭长的特点，抢先占领了战略要地，层层设防，封锁住通往雅典的道路，

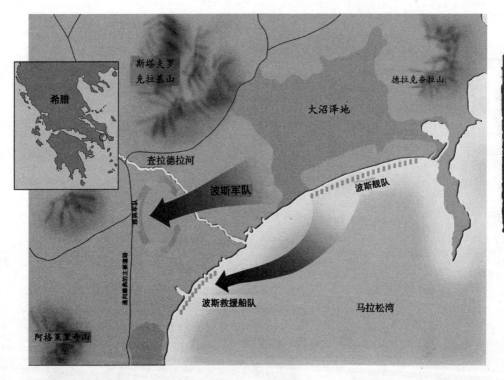

马拉松战役形势图

侵略军横渡爱琴海，于公元前490年9月在雅典东北沿海马拉松登陆，该地有道路直通雅典。雅典急遣约一万重装步兵迎战，盟邦普拉提亚也派出约一千人助战。波斯军远较雅典军多，且有一支约八百人的骑兵。

并派士兵中的健将斐力庇第斯去斯巴达求援。斐力庇第斯星夜赶路，整整两天两夜，跑了240公里，终于9月9日到达斯巴达。而斯巴达国王因宗教惯例，在月圆之夜不能立即发兵。

米太亚得曾在波斯军队服役，非常熟悉波斯军平原作战中央突出的特点。于是他将方阵重兵和骑兵的主力布置两翼，中间安排较弱的方阵重甲步兵来引诱波斯人的进攻。战争一开始，米太亚得指挥中间兵力边战边退，波斯骑兵步步紧逼。等到波斯主力进入伏击阵地后，雅典两翼方阵重兵和骑兵潮水般掩杀过来。波斯军队大败，从海上仓皇退走。

马拉松战役虽然失败了，但是波斯人西侵的野心还是不能收敛。公元前486年，薛西斯继承王位后，又开始积极备战。公元前480年，薛西斯率领大军50万，战舰1200余艘，又分水、陆两路向希腊进发。

面临波斯军的大兵压境，包括雅典、斯巴达在

历史背景

波斯通过不断地扩张，到大流士一世时期，已经成为世界古代史上第一个横跨欧亚非三洲的大帝国，并企图继续西进，征服整个希腊半岛。这样就和希腊的扩张企图自然而然地发生了对立，战争已不可避免。

内的 30 多个希腊城邦，组成反波斯联盟，一致推举最擅长军阵、最勇猛善战的斯巴达国王列奥尼达斯为统帅。列奥尼达斯决定在温泉关阻止波斯陆军插入希腊腹地，使他们不能与海军会合。

　　温泉关地势险要，隘口很窄，只能容一辆战车通过，是希腊的一道天然屏障。波斯人连续发动几次进攻，都被顽强的希腊联军击退。波斯人死伤惨重，进军受阻。

　　就在双方僵持不下的时候，波斯人在俘虏的一名希腊联军的士兵带领下，沿秘密小道直插温泉关后方。

　　希腊联军腹背受敌，温泉关陷落，斯巴达国王战死沙场。

　　攻克温泉关后，波斯军迅速推进，攻占了雅典城。至此，希波战争中陆上的较量暂时告一段落。

双方的策略

　　马拉松战役雅典人巧妙地运用中部诱敌、两翼夹击、重点进攻的战术，使拥有强大骑兵的波斯惨败。温泉关战役波斯人以绝对优势攻克温泉关。

重要意义

　　马拉松战役是世界战争史上少有的以少胜多的著名战役，这次战役的胜利鼓舞了希腊各城邦人民的斗志，大大提高了雅典在希腊的威信。马拉松战役在战术上是一次重大突破，这次战役以重军方阵和骑兵相结合的战术代替了以往单兵混战的方式。

　　希腊陆军对波斯陆军的顽强阻击，使波斯舰队与陆军会合并进行密切合作的计划破灭，为希腊联合舰队的防守及反击赢得了喘息机会。

列奥尼达斯在温泉关战役中

在温泉关战役中希腊联军被敌人重重包围时，列奥尼达斯解散了他的部队，只留下 300 名近卫队员战斗到全军覆没。关于斯巴达人永不投降的传说就来源于他的事迹。

萨拉米斯海战

——第一次大规模的海战

交战双方：希腊海军
　　　　　波斯海军

交战时间：公元前480年
双方将帅：希腊海军统帅为斯巴达海军统帅欧里拜得斯
　　　　　波斯海军统帅为波斯国王薛西斯
双方投入军力：希腊370多艘战舰
　　　　　　　波斯1200多艘战舰
双方使用兵器：战舰、青铜兵器、铁制兵器
交战结果：希腊海军大胜

海神波塞冬青铜像，这是
为了纪念希腊在海战中的
胜利而创作的。

历史回顾

温泉关首战告捷后，薛西斯一世决定进军雅典。出乎意料的是，得到手的只是一座空城，雅典人已全部撤走。原来，在雅典的军事战略家提米斯托利克提议下，雅典公民大会决定暂避敌军精锐，把战场转到海上。

在国家危急关头，雅典将成年男子编入军队，将其他居民南撤到特里津城和萨拉米斯斯岛等地。希腊联合舰队300余艘战船，在海军总司令斯巴达的欧里拜得斯和雅典统帅地米斯托克利率领下，由阿提密喜安海角撤退至狭窄的萨拉米斯海湾，准备迎战波斯舰队。波斯舰队尾追而至，封锁了萨拉米斯海湾东西两个出口。希腊联合舰队进退无路，进一步坚定了团结抗敌背水一战的决心。公元前480年9月20

日，萨拉米斯海战正式开始。

欧里拜得斯按照地米斯托克利的建议，立即进行战争准备。他派遣科林斯支队据守西面海峡，斯巴达战舰为右翼，雅典战舰为左翼，其他城邦的战舰在中央，开始向波斯海军发起攻击。

薛西斯封锁萨拉米斯海峡后，首先派 800 艘先锋战舰分成三线一字摆开，向萨拉米斯斯海峡东端进攻。可是，海峡中间的普西塔利亚岛打乱了波斯军的阵形，波斯海军只好将纵队一分为二进行攻击，再加上波斯战船体大笨重，在狭窄的海湾运转困难，前进不得，后退无路，自相碰撞，乱作一团。

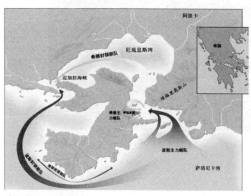

历史背景

就在波斯陆军直扑雅典的时候，波斯海军也绕过优卑亚岛，掠过阿提卡，来到雅典的外港比里犹斯。他们水陆呼应，大有踏平希腊之势。面对波斯军队的水陆夹击，希腊人将一切海军力量集中起来，决定与波斯军决一死战。希腊人认为自己的水上力量有限，只能在狭窄的水域里战斗，自己才有获胜的机会，于是他们选择了萨拉米斯海峡。希腊海军统帅泰米斯托克利率领海军船只沿优卑亚海峡南下，前往萨拉米斯海湾，引诱波斯人前来应战。

萨拉米斯海战形势图

相反，希腊军舰却能在波斯军舰中可以任意穿梭。因为，希腊战舰大多是三层桨军舰，这样的战舰即快速又灵活。

希腊联军抓住时机，充分发挥着自己战舰的优势，猛烈攻击波斯舰队。雅典的每艘战舰上载有 18 个陆战队员，他们不断地向敌舰发射火箭、投掷石块。波斯战舰变成一片火海，更令波斯人惊慌的是雅典船只坚固的构造和特殊结构。雅典战舰船头镶嵌铜冲角，船身安装一根 5 米的包铜横木。它们用铜冲角把波斯战舰撞得支离破碎；当它们紧贴波斯舰飞速冲过时，横木像锋利的刀子一样削断敌舰的木桨。波斯军队只能被动挨打。

经过七八个小时的激战，萨拉米斯海战结束。希腊军大获全胜，击沉波斯战舰 200 余艘，缴获 50 余艘。希腊舰

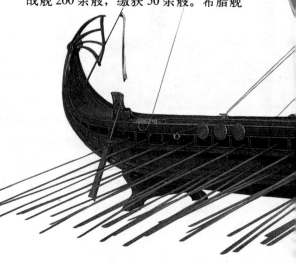

队仅损失 40 艘战船。

此后，以雅典为首的希腊转入进攻，并乘机扩张海上势力，逐渐建立起雅典在爱琴海的霸权。公元前 478 年，雅典舰队占领赫勒斯邦海峡北岸的重镇塞斯托斯，从而控制了通向黑海的要道。同年，雅典联合一批希腊城邦组成海上同盟，夺取色雷斯沿岸地区、爱琴海上许多岛屿和战略要地拜占庭。公元前 449 年，希腊海军在塞浦路斯岛东岸重创波斯军，至此双方同意媾和。同年，希腊和波斯在波斯首都签署了《卡利亚斯和约》，希波战争结束。

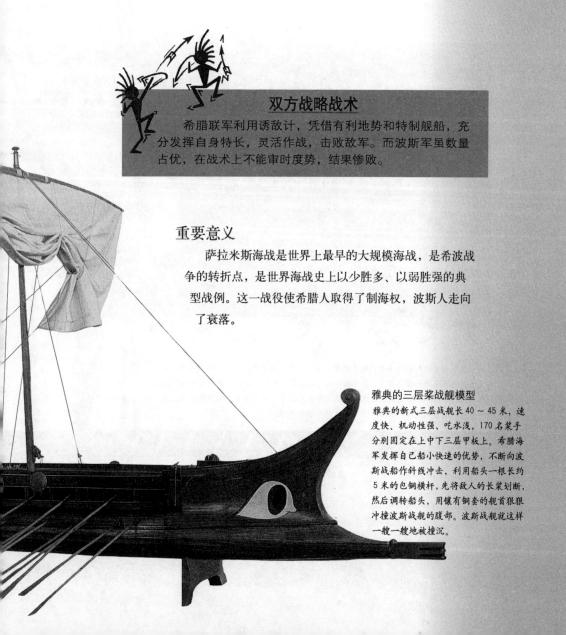

双方战略战术

希腊联军利用诱敌计，凭借有利地势和特制舰船，充分发挥自身特长，灵活作战，击败敌军。而波斯军虽数量占优，在战术上不能审时度势，结果惨败。

重要意义

萨拉米斯海战是世界上最早的大规模海战，是希波战争的转折点，是世界海战史上以少胜多、以弱胜强的典型战例。这一战役使希腊人取得了制海权，波斯人走向了衰落。

雅典的三层桨战舰模型

雅典的新式三层战舰长 40～45 米，速度快、机动性强，吃水浅，170 名桨手分别固定在上中下三层甲板上。希腊海军发挥自己船小快速的优势，不断向波斯战船作斜线冲击，利用船头一根长约 5 米的包铜横杆，先将敌人的长桨划断，然后调转船头，用镶有铜套的舰首狠狠冲撞波斯战舰的腹部。波斯战舰就这样一艘一艘地被撞沉。

伯罗奔尼撒战争

——古希腊由盛到衰的重大转折

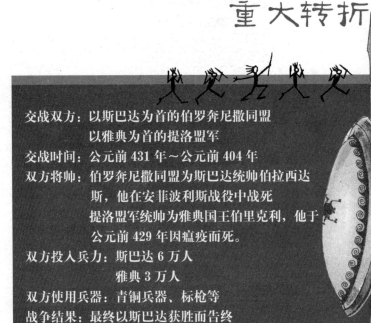

交战双方: 以斯巴达为首的伯罗奔尼撒同盟
以雅典为首的提洛盟军

交战时间: 公元前 431 年～公元前 404 年

双方将帅: 伯罗奔尼撒同盟为斯巴达统帅伯拉西达
斯,他在安菲波利斯战役中战死
提洛盟军统帅为雅典国王伯里克利,他于
公元前 429 年因瘟疫而死。

双方投入兵力: 斯巴达 6 万人
雅典 3 万人

双方使用兵器: 青铜兵器、标枪等

战争结果: 最终以斯巴达获胜而告终

斯巴达武士像

在这幅画面上,雅典方阵的前列士兵正踏着双管长笛的音乐迎战斯巴达方阵的前列士兵。双方的军事力量按其地理环境而各有优势,雅典领导的同盟主要由爱琴海中的岛屿和滨海城市组成,因此它们的强处在于海战;斯巴达的联盟主要由伯罗奔尼撒半岛和希腊中心地区的城市组成(科林斯是一个例外),它们是陆地国家,长处在于他们的长矛兵。

历史回顾

希波战争后，雅典不断向外扩张，并把提洛同盟成员国变成自己的附庸，控制爱琴海，形成与斯巴达争霸希腊的局面。斯巴达则针锋相对，与雅典争相干预他邦内政，冲突不断发生。前435年，科林斯与其殖民地克基拉发生争端。前433年，雅典出兵援助克基拉，逼科林斯退兵。前432年，雅典以科林斯殖民地波提狄亚隶属提洛同盟为由，要求它与科林斯断绝关系，双方矛盾加剧。同年秋，伯罗奔尼撒同盟各邦开会，在科林斯代表鼓动下，要求雅典放弃对提洛同盟的领导权，遭拒绝，伯罗奔尼撒战争爆发。

面对与雅典的争端，斯巴达决定采取发挥陆军优势，鼓动提洛同盟成员国叛离，削弱和孤立雅典的战争策略。因为，斯巴达训练有素的重甲方阵步军和骑兵在陆战中将占有绝对的优势。

公元前431年，伯罗奔尼撒同盟成员底比斯袭击雅典盟邦布拉底引发战火。5月，斯巴达国王率领精锐部队6万余人，向阿提卡进军，战争全面爆发。

雅典的统帅伯利克利是位杰出的政治家和军事家，他对局势认识清楚，要想在战争中胜利或逼和斯巴达，必须避其长击其短。于是，他采取陆上取守势，海上则取攻势的对策，命令军队陆战队守为主，派舰船侵袭伯罗奔尼撒半岛沿海地区。

就在斯巴达不断对阿提卡进攻时，雅典的海军在伯罗奔尼撒半岛开始登陆，严密封锁伯罗奔尼撒半岛海岸港口，断绝斯巴达海上与外界的联系，并扇动斯巴达的奴隶希洛人举行起义，斯巴达陆上进攻受到极大牵制。整个战争按照雅典人的预想进行。

但不幸却降临在雅典人头上，公元前430年，雅典城内人口密集，发生严重瘟疫，死者甚众。雅典国王伯利克利在这场瘟疫中丧生，他的不幸去世使战争从防御战争变成新任统帅克里昂主张的侵略性战争。公元前425年，雅典海军占领了美塞尼亚西岸的皮洛斯及其附近的斯法克蒂里亚小岛，斯巴达亦陷困境。为避开强大的雅典海军主力，斯巴达国王命令柏拉西达将军率领一支精锐部队由小道穿过希腊半岛，向北绕到雅典背后进行攻击，对雅典同盟进行说服，并攻下安菲波利斯。

公元前422年，双方在安菲波利斯展开对决。斯巴达军分三路，中路出城诱敌，南北两路埋伏，出奇制胜。雅典军队惨遭伏击，乱作一团，溃不成军。斯巴达骑兵乘胜追击，一举杀死雅典统帅克里昂。斯巴达统帅伯拉西达在乱军中也被杀死。

双方失去统帅，战争只好暂时停止。公元前421年，雅典主和派首领尼西阿斯与斯巴达缔结《尼西阿斯和约》。条约规定：交战双方退出各自占领地，交换战俘，保持50年和平。然而，导致战争的基本矛盾依然存在。

雅典和斯巴达在希腊争霸的野心并没有消除。和约签订的第6个年头，雅典调集134艘三桨战船、130艘运输船、5100名重步兵、1300名弓弩手共约2.7万人，组成雄壮的远征军由亚西比德统率向西西里进发，与科林斯、斯巴达军展开激战。很快雅典人便攻占了叙拉古城北的卡塔那，并计划下一步攻占有西西里钥匙之称的叙拉古城，战争发展极为顺利。

但惊人的意外发生了，雅典国王命令亚西比德回国受审。原来，雅典城内的海尔梅斯神像被人毁掉。亚西比德因一贯不敬神而被诬陷，还将被判处死刑。亚西比德一怒之下，在回国途中逃往斯巴达。对雅典战略战术一清二楚的亚西比德的投降给几乎绝望的叙拉古城人带来转机，再加上斯巴达援军赶到，战势发生了转变，斯巴达在埃皮波拉伊重创雅典军。雅典军无奈只好撤军，但撤军当晚发生月食。相信月食会带来凶险的雅典士兵不肯登船撤退。斯巴达抓住时机，封锁港口，切断陆上要道，包围了雅典军队。公元前413年9月雅典全军覆没，尼西阿斯被杀。经此严重打击，雅典渐失其海上优势。

西西里之战后，斯巴达又加强陆上进攻。公元前413年，斯巴达军大举入侵阿提卡，并长期占领德凯利亚（雅典城北部），破坏和消耗雅典力量。

公元前411年，雅典海军在阿拜多斯，次年在基齐库斯，先后打败斯巴达海军。斯巴达则寻求波斯援助，增建舰队，要与雅典海军作最后的较量。公元前405年，斯巴达海军在波斯人的援助下一举全歼雅典海军，从此斯巴达成为希腊的霸权国。公元前404年雅典投降，被迫接受屈辱的和约：取消雅典海上同盟（即提洛同盟），拆毁长墙工事，舰船除保留12

伯里克利像（约公元前495～前429）
伯里克利智慧超群，而且才华出众。他领导雅典民众长达30年之久，在公元前5世纪雅典帝国的缔造过程中发挥了不可替代的作用。

艘警备舰外，余皆交出，解散雅典同盟。长达 27 年的伯罗奔尼撒战争结束了，斯巴达取得了希腊霸权。

关于伯罗奔尼撒战争的美术作品

几乎所有希腊的城邦都参加了这场战争，其战场涉及了当时整个希腊语世界。这场战争结束了雅典的黄金时代，结束了希腊的民主时代，强烈地改变了希腊国家。

军事意义

战争中，军事艺术进一步发展。陆军以方阵为基础的战斗队形有所变化，步兵的机动作战与协同作战成为克敌制胜的重要因素；海战规模扩大，战术水平提高，争夺制海权（包括夺取海上交通线、海上封锁）与登陆作战成为战争中突出的战略问题。

历史意义

伯罗奔尼撒战争使斯巴达成为希腊的霸权国，但整个希腊遭到严惩危害，繁荣富强的希腊从此一蹶不振。这场战争是希腊城邦开始衰亡的标志，是古典时代的结束。

从喀罗尼亚到伊苏斯

——马其顿方阵的兴起

交战双方：马其顿
        希腊、波斯
交战时间：公元前338年，公元前333年
双方将帅：马其顿统帅为马其顿国王亚历山大
        波斯统帅为波斯国王大流士三世
双方投入兵力：马其顿兵力3万步兵、5000骑兵、160
           余艘战舰
           希腊联军兵力约4万人
           波斯兵力3万余人。
双方使用兵器：矛、箭、盾、剑等
交战结果：马其顿赢得战争胜利

腓力二世像

公元前359年，腓力二世登基，他即位后施行币制和军事改革，政治上施行四处扩张政策，占领爱琴海北岸一带，继而南侵希腊，马其顿在他领导下开始强大。

历史回顾

　　马其顿腓力二世的扩张，使希腊各城邦开始恐慌。雅典、麦加拉、科林斯等城邦组成了反马其顿同盟。公元前338年，以雅典和底比斯人为主的希腊联军在彼奥提亚的喀罗尼亚与马其顿军队决战。腓力二世率领3万步兵和3千骑兵。训练有素的马其顿士兵以骑兵为两翼，步兵居中的方阵向数量上并不少于他们的希腊联军冲去。一时间叫杀声震天。希腊联军集中优势兵力直击马其顿方阵的右翼，顽强的马其顿右翼骑兵奋勇抵挡，终因人少力薄而支持不住。眼看希腊联军就要突破防线。18岁的亚历山大对战场形势观察透彻后，直接指挥战阵左翼向力量较薄的联军右翼发动猛烈攻击，联军开始一片大乱，整个阵线

历史背景

公元前4世纪,位于希腊北部的马其顿,一跃成为希腊北部的重要国家。尤其是经过腓力二世改革后,马其顿成了巴尔干半岛的军事强国。西边的伊利里亚、伊庇鲁斯、东边的色雷斯、北边的派奥尼亚,都在他的势力范围之内。腓力雄心勃勃,有强烈的征服欲望。在王权强化,国土扩大,实力增强,既无内乱又无外患的情况下,南部内争犹酣的希腊城邦自然成了他进一步征服的目标。

为打开出海口,夺取沿海一带,腓力多次与希腊城邦发生了冲突,与马其顿毗邻的卡尔息狄斯同盟首先成了腓力的囊中之物。

崩溃。亚历山大的战术取得了决定性胜利,扭转了整个战局。

这是一次决定希腊城邦命运的战役。从此之后,希腊城邦实际上失去了政治独立,反马其顿派彻底失败了。

在这场战役中,腓力组建的马其顿方阵显示了强大的威力。新组建的马其顿方阵核心是由约100人组成的长矛阵,在阵中完全取消了重甲兵,第一线士兵的盾也大为缩小(斯巴达人的巨盾甚至可以遮盖整个身体),大致只有3~4平方英尺,缩小的盾使士兵可以站得更紧密;同时,后方的矛渐次加长,最终所有的长矛手都可以对方阵前的敌人进行攻击,最长的达到10米之长。

相比重步兵方阵,马其顿方阵的防守能力略为逊色,但攻击则凌厉得多,因为马其顿方阵能使各个兵种更好地发挥优势,协同作战。另外马其顿方阵自身具有很高的机动性,能以完整的横队勇猛地冲向敌人,给尚未从骑兵袭击中恢复过来的敌人以更沉重的打击。战败的雅典人这样描述:攻到马其顿人面前的每个士兵都必须同时对付至少10个以上的长矛头。

喀罗尼亚战役取胜后,马其顿军乘胜追击,南下伯罗奔尼撒,征服了除斯巴达外的希腊各城邦,基本实现了对希腊的征服。公元前337年,腓力二世召集希腊各

大流士的军队溃不成军,亚历山大正骑马追赶大流士的马车。

亚历山大创立了包括步兵、骑兵和海军在内的马其顿常备军,将步兵组成密集、纵深的作战队形,中间是重装步兵,两侧为轻装步兵,号称马其顿方阵,每个方阵还配有由贵族子弟组成的重装骑兵,作为方阵的前锋和护翼。亚历山大通过一系列改革,使马其顿迅速成为军事强国。

城邦在科林斯召开全希腊会议，成立希腊永久性同盟，马其顿为盟主。公元前336年腓力在女儿的婚礼上遇刺身亡，亚历山大继位。

腓力猝然死去，希腊的反马其顿派又活跃起来，被征服、被吞并的北方部落也开始骚动。仅20岁的亚历山大，凭借丰富的军政经验，以迅雷不及掩耳之势，很快平定了各地的骚乱与起义。

公元前334年，解除了后顾之忧的亚历山大按既定目标，亲率大军3万步兵、5000骑兵、160艘战舰，跨过海峡进军波斯。

亚历山大与波斯的军队先在小亚细亚的格拉尼卡斯河附近交锋，波斯军队一触即溃。亚历山大乘胜前进，直逼小亚细亚重要城市萨狄斯。萨狄斯不战而降，小亚细亚的诸希腊人城邦获得名义上的自由。亚历山大接着沿海岸向叙利亚推进。公元前333年，在伊苏斯城与大流士三世亲率的大军相遇，双方展开会战。

波斯军在波纳鲁斯河岸排出长长的两横队，大流士本人坐镇中路指挥。马其顿2万步兵、5000骑兵分为三部分，中央是全身披挂青铜头盔，手持盾牌、利剑、长矛的重装步兵，两翼有轻装步兵骑兵掩护，三个军种训练有素、完美结合，形成一个整体。激战开始，亚历山大直捣波斯军的左翼和大流士御驾亲督的中军。大流士三世怯阵脱逃，波斯军全线溃败。

马其顿军的对外征服可谓是势如破竹。之所以会取得这样好的效果，一方面和统帅的指挥分不开；另一方面，马其顿方阵所起到的重要作用也是不可低估的。这一点，在亚历山大进一步东进中表现得更为明显。

双方战略战术

马其顿凭借独特的方阵战术，使三个兵种在作战中完美结合，形成一个整体。而希腊和波斯战术古板、单调，不能形成强势冲击，最终落败。

重要意义

喀罗尼亚战役是马其顿征服希腊的转折，这一战使马其顿变成希腊事实上的主宰者。伊苏斯战役，使马其顿获得战争主动权，打开了进军叙利亚等国的门户。

马其顿方阵的兴起，改变了以往传统的战术模式，使多个兵种有机地结合起来。

亚历山大头像
亚历山大年轻气盛、才智过人，20岁时便继承了王位，巩固内政，东征波斯，将马其顿建设成为一个强大的帝国。

高加梅拉决战

——波斯的崩溃

交战双方：马其顿联军
　　　　　波斯军队

交战时间：公元前 331 年

双方将帅：马其顿统帅为马其顿国王亚历山大
　　　　　波斯统帅为波斯国王大流士三世

双方投入兵力：马其顿 7000 骑兵，4 万步兵
　　　　　　　波斯 4 万骑兵、100 万步兵

双方使用兵器：战车、长矛、标枪、箭、刀

交战结果：马其顿取得胜利

亚历山大斗狮图

在将军们的眼里，他是名战士，有着无尽的勇气，在战场上身先士卒；在战士的眼里，他是一位统帅，他带领着他们打败了强大的波斯军队，统一了战乱不断的希腊诸邦，并征服了波斯、埃及和许多其他的王国，直至印度的边界。

历史回顾

亚历山大通过伊苏斯战役打开了通往叙利亚、腓尼斯的门户，并在短短的时间内，先后攻破腓尼斯、提尔、加沙、埃及、孟菲斯等城邦。公元前 332 年，亚历山大在腓尼基的推罗遇到了出师以来最顽强的抵抗。经过 7 个月的围攻，推罗陷落。公元前 331 年，亚历山大返回推罗，东渡幼发拉底河。10 月 1 日，在尼尼微附近的高加米拉原野与大流士三世的军队再次决战。

大流士对此役作了充分的准备，他调集 4 万骑兵，100 万步兵，还有 200 辆装有刀剑的战车及 15 头战象，布置于开阔的高加梅拉平原。大流士认为这是最适宜骑兵、战车作战的地方。他命令士兵铲平地面，移走障碍物，高加梅拉平原显得更加空旷了。大流士吸取了伊苏斯战役的教训，还给士兵配备了更长的矛，并在战车上装备长刀，试图突破亚历山大的方阵。

在这座腓尼基墓穴的墙饰中，可以辨认出亚历山大军队的一部分。这些墙饰描绘了在与波斯人战斗中被围困的这位征服者的军队。

大流士将军队分为两个方阵排列：第一方阵为主力部队，排成前后两条战线。战线的左右翼骑兵、步兵混合在一起，中央由大流士亲率皇族弓箭兵、步兵和骑兵及其他城邦联军组成纵深队形。第二方阵排列在第一方阵正前方。方阵的中央为15头战象和50辆战车，大流士的御林军骑兵紧跟其后；方阵左翼为100辆战车及西亚人骑兵；右翼为50辆战车及亚美尼亚和卡帕多西亚人骑兵。

亚历山大趁大流士尚在设防之际，亲率一支精锐骑兵勘察地形，巡视敌情，把敌军的战略部署搞得清清楚楚。而后方部队则一边加固防御工事，一边休养整顿。

10月1日早晨，亚历山大率领4万步军和7000骑兵，正对着大流士的战线摆好阵势。与伊苏斯战役基本一样，中央为6个马其顿方阵，两翼配备骑兵，并将精锐的步兵和骑兵重点集中在右翼。在战线的后面两翼，亚历山大各安排了一预备方阵，以应对随时可能出现的变化。

当波斯和马其顿军队接近时，亚历山大并没有直接进攻，而是向波斯军的左翼斜向移动。大流士担心亚历山大攻击左翼，也跟着平行移动。渐渐地，队伍走出了波斯人特意平整的地带。这时大流士开始警觉起来，他担心精心准备的战车失去作用，便立即命令左翼部队赶紧绕过亚历山大的右翼，阻止其继续右移。双方侧翼骑兵开始了激战。数量明显占优的波斯军，因为骑兵和马匹都有铠甲保护，致使亚历山大骑兵伤亡惨重，败下阵来。亚历山大急忙调骑兵支援，勇猛的骑士连续向波斯军左翼发起冲锋，终于将敌人击退。

大流士看到其左翼的击战正酣，趁势发动长刀战车冲向对方的方阵，试图冲散敌人。当他们接近时，马其顿方阵前方的弓弩手、标枪手上前迎战，有效地阻止了大流士的进攻。

大流士遂下令右翼开始进攻敌人左翼。亚历

历史背景

亚历山大继承了父亲腓力对外扩张的遗志，继续东征波斯。他凭借训练有素、行动协调一致、战无不胜的方阵军队，在伊苏斯重创波斯军。战败的大流士逃到幼发拉底河，在这里重整旧部，又招募军队，准备在高加梅拉与亚历山大决一死战。

山大则命令攻击那些迂回到马其顿右翼的敌军。两翼骑兵的进攻，使大流士中央部队现出了一个漏洞。亚历山大亲自率领马其顿方阵和骑兵，还有预备方阵向内旋转，形成一个劈尖，直插大流士的阵营。波斯人顿时乱了阵脚，波斯军被冲得七零八落，再也组织不起有效的进攻。大流士见大势已去，仓皇逃走。

公元前330年春，亚历山大引兵北上追击大流士，大流士被其部将谋杀，古波斯帝国及阿契美尼德王朝灭亡。

亚历山大率领马其顿军队征服了波斯的全部领土，建立起了一个横跨欧、亚、非三洲的大帝国。

双方策略战术

大流士利用有利地形，采取纵深队形，试图攻破敌人方阵，但却被亚历山大瓦解。

亚历山大在战略上知己知彼，设置了预备队，在战术上巧施方阵，牵制敌人，制造战机，成功击败敌人。

重要意义

高加梅拉战役的胜利彻底击溃了波斯帝国主力军，为亚历山大建立横跨欧、亚、非三洲的帝国奠定了基础。

亚历山大选择了一块方便调度骑兵的广阔平原，并命人整理阵地，在地上插些铁尖，用来刺伤敌人的马匹。战争开始后，马其顿人将敌人的战车包围住，然后将战车上的人打倒在地。

罗马早期的扩张
——罗马军团初显锋芒

交战双方：罗马军队
          迦太基军队
交战时间：公元前264年～公元前241年
双方将帅：罗马统帅是雷古卢斯
          迦太基统帅是桑希普斯
双方投入兵力：罗马军约5万人，330艘
              战舰
              迦太基军300多艘战舰
双方使用兵器：箭、矛、盾、刀、剑等
交战结果：最终以罗马军的胜利而告终

驭驶罗马战车的士兵

历史回顾

　　罗马对外扩张时期，投射武器的进步，使马其顿方阵渐渐消亡，因为对敌一方可以在远离方阵的地方通过箭射和投枪杀伤阵中士兵，其攻击的消失，防守能力也自然消失。罗马人在与高卢人的作战中首先尝到了这个滋味，当高卢的剑盾兵攻破了罗马人的侧翼后，3万罗马人和同盟军毫无反抗能力地就在阵位上被杀死。这场惨败令罗马人意识到，长矛阵如果被突破就很难抵抗剑兵的进攻。于是，他们对马其顿方阵进行了革命性的改进，推演出罗马小步兵方阵的战术：用重步兵组成真正的兵团部队，并按年龄分为3个部分。每个兵团分为3个师，排成纵深序列，每师分10个连。青、壮年每连为120人，而老年每连60人。一个支队包括青、壮、老年各一连，还有120名轻步兵和30名骑军共450人。10个支队组成一个兵团。在战斗中，各连部署犹如棋盘格子，第二师的各连可以对第一师正面上的间隔作掩护，第三师又可掩护第二师，10个中队的骑兵合成一个侧翼。这

历史背景

公元前3世纪,罗马征服意大利半岛后成为奴隶制强国,并开始向外扩张。位于西西里岛的叙拉古国发生内乱,一批意大利雇佣军强占了东北部的墨西拿,并求助迦太基和罗马的支援。占有海军优势的迦太基海军捷足先登,赶走叙拉古军队。对西西里早就野心勃勃的罗马人担心迦太基控制整个西西里乃至地中海,便于公元前264年,对迦太基宣战。

就是罗马军团。

罗马人凭借战斗力极强的罗马军团,占领了大部分富庶的西西里岛,并于公元前262年攻占了迦太基在西西里岛西南岸的据点阿格里真托,但西西里岛西部和沿海的一些要塞却仍控制在海军优势强大的迦太基人手中。

罗马人在陆上的胜利,并不能击溃迦太基的海上舰队。公元前261年,罗马人做了极为勇敢的决定,迅速建立一支拥有120艘大型战舰的海军。公元前260年,尚未成熟的罗马海军企图攻占梅萨纳,结果失败。这使罗马人认识到不做传统战术的改良是战胜不了在海军方面训练有素、机动性和作战经验都优于自己的迦太基军队。

如何在海战中发挥罗马军团的陆上优势?

罗马人发明了新的海上战术:他们在战船上装一个在桥板顶端下面安有长钉的木板桥,叫接舷吊桥,又称"乌鸦"。前进时,木板桥可以直立起来,用来阻挡敌人投掷的武器;接近敌船时,板桥可以左右摆动,当它落在敌船甲板上时,钉子马上把敌人船只抓住。这时,罗马军团就可以迅速通过板桥,与对方展开肉搏战。

罗马人对所有战船做了改进后,便开始向西西里北部进发,在迈利(今米拉附近)海与迦太基海军相遇。用这种木板桥,罗马兵团把迦太基将士打得落花流水。这一次战役使罗马成了海上强国。

公元前256年,罗马人派出一支拥有约5万人、330艘

罗马人与迦太基人的战斗

因罗马人称迦太基人为布匿人,所以他们之间的战争被称为布匿战争。从公元前246到公元前146年,布匿战争共爆发了三次。

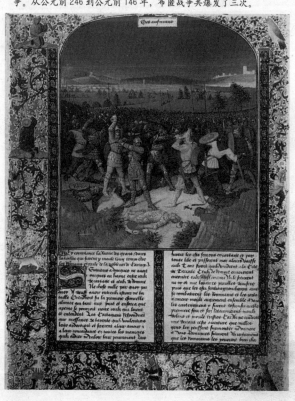

战船的庞大军队，开始进攻非洲。不甘失败的迦太基海军调集更庞大的舰队准备在中途攻击罗马战船，可是当两军遭遇时，"乌鸦"板桥又显示出了极大的威力，迦太基损失惨重。

罗马人进军非洲的计划虽然被打破了，但他们赢得了中部地中海的控制权。

取得中部地中海的控制权后，罗马陆军统帅雷占卢斯准备攻占突尼斯，以建立对迦太基作战基地。不料，在交战中，雷占卢斯被迦太基赶到的援军俘获，罗马军大败。

公元前242年，罗马人在卡托拉斯统率下，250艘战船向西西里岛的利利贝奥和德里帕那发起突然进攻。迦太基获悉后非常震惊，立即派400艘战船出海，企图夺回这些港口。两军在爱加特斯岛附近展开激战，虽然迦太基战舰数量占优，但罗马"乌鸦"战船使迦太基沉没50艘，降俘70艘。结果，罗马大胜，迦太基撤出西西里。

双方战略战术

罗马军队利用新式兵团和"乌鸦"战船确立了陆海军优势。而迦太基军战略上轻敌，战术古板，造成最终的失败。

重要意义

通过这一系列战争，罗马夺得西西里和地中海的控制权，罗马与迦太基矛盾更深。新兵团和新战术的应用，为世界军事史翻开了新的一页。

古罗马战舰

这是在罗马附近普里赖斯特的普里米尼尼运女神殿里发现的一件浅浮雕，上面雕刻有一艘古罗马战舰。古罗马战舰在装备上有几点创新：装有登船板；舰首安装撞角，可撞击并击沉敌舰；还有弓弩手、标枪手和投石手使用的高塔；桨手的数量和技术也是一大优势。

第二次布匿战争

——汉尼拔坎尼战法

交战双方： 罗马军队

迦太基军队

交战时间： 公元前 218 年～公元前 201 年

双方将帅： 罗马将领是费边

迦太基统帅是汉尼拔

双方投入兵力： 罗马约 7 万人

迦太基约 5 万人

交战结果： 最终以罗马的胜利而结束

历史回顾

第二次布匿战争爆发后，罗马军队兵分两路，一路扑向西班牙，攻击迦太基在欧洲大陆建立的据点；另一路则从海上直扑迦太基的本土。正当罗马人在这两个战场上节节胜利时，罗马人意想不到的事情发生了，一支迦太基军队竟然出现在意大利。

原来，迦太基统帅汉尼拔为求出奇制胜，于公元前218年4月，率领9万名步兵、1.2万名骑兵和37头战象，从新迦太基城

汉尼拔胸像

汉尼拔（前 247～前 183/182），迦太基著名将领，在第二次布匿战争期间，他在意大利与罗马人作战 15 年之久，他的将才足以与亚历山大、恺撒及拿破仑相比。

出发，沿西班牙东部向东北方向进军，开始了对意大利的远征。因为行军环境的艰苦以及阿罗布罗克斯人攻击，当他们进入山南高卢平原时只剩下步兵 2 万人和骑兵6000 人。

汉尼拔的突然出现，使罗马人大为惊慌，不得不放弃侵略非洲和西班牙的计划，集中兵力保卫意大利本土。公元前217年派两位将领分东西两路进攻汉尼拔。汉尼拔采用迂回战术，有效地避开罗马主力，艰难地通过沼泽地带，绕到特拉西梅诺湖的北岸，这是一个三面环山，一面临湖的谷地，只有一条狭长的隘口可以通过。汉尼拔将部队部署在这里，准备伏击罗马军。他把骑兵和步兵分别安排在谷的入口和出口处，亲自率领步兵占据两边的高地，然后以轻装步兵和骑兵诱敌。四个军团3万余人的罗马大军，在迦太基军士的引诱下，贸然进入谷里。这时，汉尼拔一声令下，高处的迦太基将士高声呐喊，箭和标枪像雨点一样密集地向罗马军掷去。突遭袭击的罗马军大乱，根本组织不了反攻。出口与入口的迦太基士兵凶猛地冲杀过来，罗马军四面受敌，死伤无数，剩余的1.5万人只好被俘。

汉尼拔继续向南移动，罗马方面开始震惊。罗马元老院下令加固罗马城防，同时任命经验丰富的费边率领4个军团的兵力尾追汉尼拔军队，却不与他们正面交战。罗马军意欲采取避敌锐势，使其孤军深入，切断汉尼拔补给线的策略。然而，公元前217年底，瓦罗接任费边执政官，其好大喜功，主张速战速决。双方于公元前216年8月在奥费达斯河岸的坎尼地区展开了一场大战。人数占优的罗马军列成密集、纵深的战斗阵形，企图以强有力的方阵步兵攻垮迦太基队伍，而两翼只配备少许骑兵。汉尼拔识透罗马意图，把自己的部队布置成一个半月形的阵势，中央凸出的部分安排轻装骑兵和轻步兵，两翼竖排的却是战斗力极强的重甲骑兵和重甲步兵。战争开始就极为激烈，骑兵占优的迦太基部队一举击溃了

历史背景

罗马与迦太基的第一次战争，虽然使罗马的势力范围扩大，得到巨额的赔款，但这并没有彻底摧毁迦太基，双方的矛盾更深。公元前221年，迦太基为了夺回失地，任命25岁的汉尼拔为主帅，开始了对罗马的战争。公元前219年，迦太基统帅汉尼拔攻占了罗马的同盟者萨冈坦。第二年，罗马派费边去迦太基交涉此事，要求交出汉尼拔，但遭到拒绝，于是罗马对迦太基宣战。第二次布匿战争爆发。

布匿战争示意图

公元前264年，古罗马与迦太基之间爆发了一场大规模冲突，由此展开了三次布匿战争。上图反映了几次布匿战争影响到的地区、战争中重要战役的时间及罗马人获胜的时间。

罗马骑兵，罗马方阵步兵开始压过来。刺猬般的方阵步军攻势猛烈，迦太基部队凸出的部分开始后退，两翼的重兵，骑兵慢慢地跟着向内旋转。一直到罗马军将队形压凹进去，汉尼拔命令两翼步兵和骑兵快速内旋，从两侧把罗马军卷在迦太基部队的中央。形成了对罗马军的包围，最后全歼罗马军队。这就是著名的坎尼之战，它是西方军事史上第一个包围歼灭战，被认为是军事史上的杰作，所以包围歼灭战又称为"坎尼"。

公元前 205 年，罗马 33 岁的年轻将领西庇阿率军渡海到北非迦太基本土，迦太基急忙召汉尼拔回军救援。公元前 202 年秋，双方在扎玛城附近进行最后的决战。交战开始后，汉尼拔军的战象受到西庇阿一线部队鼓角齐鸣的惊吓，或者停滞不前，或者转身向自己的战阵冲去，有的受罗马军的投枪击伤后逃跑。西庇阿抓住时机，一鼓作气，取得了胜利。

迦太基的海上霸主地位彻底破产，罗马成了西地中海的霸权国家。

双方战略战术

汉尼拔在罗马进攻时采用以攻为守的策略牵制罗马，在战斗中诱敌深入、利用自己的想象力迂回作战，出奇不意，是世界军事史上以少胜多的精彩典范。罗马军凭借数量优势，切断孤军深入的迦太基军的补给，最终赢得战争的胜利。

重要意义

坎尼之战创造了以少胜多围歼敌人的奇迹，表现出汉尼拔杰出的军事才能，而这一段，也使罗马认清形势。从此西地中海的霸权地位由罗马所取代。

特雷比亚河战役

公元前 217 年在特雷比亚战役中，罗马军团士兵首次与战象这种巨兽交战，因此遭到战象的猛烈袭击，罗马士兵仓皇逃跑。在象战中，最重要的是要使任性的大象听从驭手的指挥，弓箭手才能站在柳条的塔楼内有条不紊地控制敌军。

第三次布匿战争

——迦太基的覆亡

交战双方：**罗马军队**
迦太基军队

交战时间：**公元前 149 年～公元前 146 年**

双方将帅：**罗马统帅是艾米利亚努斯**
迦太基统帅是迦太基国王

双方投入兵力：**罗马军 8 万步兵、4000 骑兵，600 艘战舰**
迦太基约 8 万人

双方使用兵器：**矛、盾、弓箭、投石机等**

交战结果：**罗马攻克迦太基城获胜**

历史回顾

公元前 149 年，罗马进犯迦太基，第三次布匿战争爆发。罗马派执政官孟尼留斯率 8 万步兵、4000 骑兵、600 艘战舰，从西西里渡海直达迦太基的重镇乌提卡。

突如其来的侵略使得迦太基措手不及，只得向罗马求和。罗马提出极苛刻的条件：一是送 300 名贵族男孩到罗马做人质；二是交出他们的一切武器；三是命令他们放弃自己的城池，迁移到距离海岸 10 英里以外的地方去。迦太基将 300 名男孩和 20 万套兵器、200 门弹射机送给罗马。

第三条让迦太基人忍无可忍，他们决心团结起来保卫自己的国家。迦太基国王处死了主降派和反战分子，释放所有的犯人和奴隶，重新组建军队。城中居民和犯人、奴隶一起修筑城墙，建立坚固的防线。城内所有的工厂都投入到兵器的制造中，日夜不停地赶制武器。城中的妇女还献出自己的秀发，作为弓弩的弦。迦太基人为保卫自

战败的迦太基士兵正在逃离被火点燃的城市 浮雕

罗马人冲进迦太基城，战斗持续一个星期，最后攻下中央要塞——比尔萨。罗马元老院成员抵达这座被占领的城市后，决定将它夷为平地。罗马人血洗迦太基，挨房搜查，将所有居民找出杀死。迦太基港口被毁灭，国家成为历史。

己的家园做了充分的准备。

　　罗马并没有把迦太基放在眼里，他们认为没有武器的迦太基人一定不堪一击。但第一次交锋罗马人就遭到了当头一棒。迦太基城建造在北非海岸一个半岛的顶端，三面环海，地势险峻，易守难攻，在陆上除了有坚固的城墙外，迦太基人还迅速建起了一道坚实的防线。登陆攻城的罗马军团不熟悉地形，被奋勇出击的迦太基人痛击惨败。迦太基缴获了大量的兵器。

　　出师不利使罗马人不得不对迦太基另眼相看。于是罗马人撤换了前线的将领，命艾米利亚努斯率领 15 万大军再攻迦太基。当时，迦太基城里包括老弱病残妇孺只有 25 万人，能打仗的壮丁不足 8 万人。罗马军就在城外筑起一道长垣，采取围困策略，欲困死迦太基人。然而，罗马人没想到的是迦太基陆上交通虽然被阻，但海上交通却依然畅通。所以，罗马人花了两

历史背景

　　第二次布匿战争失败后，迦太基被彻底剥夺了军事和外交上的主动权。但经过 50 余年的快速发展，迦太基又恢复了过去的繁荣。罗马害怕迦太基的重新崛起会对它们在地中海的霸权构成威胁，于是教唆努米底亚人进攻迦太基。迦太基被迫组织反击。罗马则以迦太基破坏了第二次布匿战争后签订的"未得到罗马同意之前，迦太基不得发动任何战争"的约定为借口，正式向迦太基宣战。

年时间也未攻破迦太基。公元前 147 年，罗马统帅艾米利亚努斯重新审视迦太基周边地形，才发现港口是迦太基赖以生存的命脉。他立即命人在迦太基河上流筑坝，切断迦太基的海上运输，一面下令倾全力强攻港口。罗马人首先攻占了港口南部的小岛，把这里作为进攻港口的基地，继而攻下了迦太基的港口。

公元前 146 年，迦太基城发生饥荒，疾病也乘虚而入，大面积流行起来。艾米利亚努斯抓住这难得的时机，从四个方向对迦太基发起总攻。不久，就攻破了迦太基城。残酷的巷战进行了 6 天 6 夜，迦太基战死者达 8.5 万，迦太基 5 万残存居民沦为奴隶，城市也被付之一炬。罗马完全吞并了迦太基，将其地设为阿非利加省。

双方策略战术

迦太基采用坚固的防御策略，一度使罗马军束手无策。罗马人运用全面封锁的策略，凭借人数优势，采用步步为营的战术，最终攻破迦太基。

重要意义

陆上强国罗马为战胜海上强国迦太基而建立了海军；迦太基统帅汉尼拔在不拥有制海权的情况下，从陆上翻越天险阿尔卑斯山深入罗马腹地，并以劣势兵力围歼优势之敌和罗马海军所采取的接舷战，都是战术史上的杰作，这些对欧洲陆战和海战产生了深远的影响。

在擎徽手的带领下，罗马军团战士用木杆扛着自己的装备跨越一座用船只架设起来的浮桥。

皮德那之战

——罗马军团的胜利

交战双方： 罗马军队

马其顿军队

交战时间： 公元前 168 年

双方将帅： 罗马统帅是鲍鲁斯

马其顿统帅是佩尔修斯

双方投入兵力： 罗马军共 2.8 万人，

1200 名骑兵

马其顿约 3 万多人

双方使用兵器： 矛、盾、标枪、弓箭、

剑等

交战结果： 罗马军队大胜

在这块罗马浮雕上，一个不戴帽子的凯尔特人正在抵抗罗马士兵，保卫家园。

历史回顾

公元前 171 年，罗马执政官埃米利乌斯·鲍路斯率主力部队 2.8 万步兵和 1200 名骑兵挺进希腊。

马其顿国王佩尔修斯派兵一路截击，并几次挫败敌人。鲍鲁斯一面从正面牵制佩尔修斯的兵力，一面派纳西卡沿艾尔皮亚斯河岸向下游移动，准备迂回到佩尔修斯的后方。但是这一计划却让佩尔修斯知道了。佩尔修斯派米罗前去阻止，双方经过一番激战，米罗惨败。佩尔修斯听到失败的消息后，害怕受到前后夹击，遂率主力 3 万余人撤向南部沿海的皮德那，驻守在卡提里尼。卡提里尼的南面是平原，非常适合马其顿方阵作战，佩尔修斯准备在这里与罗马军决战。

鲍鲁斯知道马其顿撤兵，就立即前进，向卡提里尼推进。他将部队驻守在阿罗克拉斯山上，这是高低不平的山丘地带，不利于马其顿方阵的进攻，并且这里与马

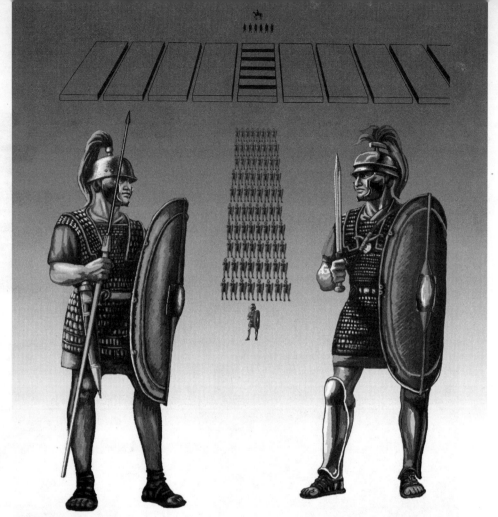

罗马军团

每个罗马军团重装和轻装的步兵大约4200人，骑兵300人，分成30个中队和2个百人队，每个百人队实际为60
～80人。重装步兵分成三列，第一列是最年轻和没有什么战斗经验的士兵（枪兵），第二列由成年的有一定战斗
经验的士兵组成（主力兵），各有10个中队，每个中队120人；第三列是年长且战斗经验丰富的老兵，被称为后
备兵，也是10个中队，但人数却只有60人。每列之间要保持一定的距离，以便于两列之间的退后或者前进。另
外还有1200名轻步兵和300名骑兵，他们列于阵列的最前方或者两翼。

其顿军营隔劳卡斯河相望。

劳卡斯河是该地区的唯一水源，所以两军达成协议，对取水的部队互不侵犯。

公元前168年6月22日下午，在河边饮水的罗马战马突然脱缰向河的对岸跑去，
马其顿两名士兵上前拦马，被跟在后面的罗马士兵打死，双方守河士兵混战在一起。
双方主帅都认为这是一次难得的机会，遂决定在此展开决战。

马其顿军首先击溃罗马军前锋，罗马人退向山地。擅长平原作战的马其顿方阵怎
么能适应高低不平的地形？可是，佩尔修斯并没有命令方阵停止前进，而是命令继续
进攻。

这时灵活的罗马军团却有了用武之地，他们从右翼反击马其顿方阵。佩尔修斯想立即调转方阵的正面策应右翼，但高低不平的地形和笨重的长矛使方阵调整起来极为困难，方阵出现无数漏洞。鲍鲁斯又命令第一、二军团从左翼强渡劳卡斯河，从侧面、后面进行攻击。佩尔修斯急令马其顿士兵以密集的长矛冲击罗马军队，试图突破罗马军的包围，几次冲锋均未成功。马其顿方阵却被罗马军冲得七零八落。鲍鲁斯见时机成熟，急令罗马军团从敌人方阵的空隙中插入，用刀剑与马其顿士兵展开肉搏战。马其顿士兵的长矛暴露出缺陷，近距离交战既不能进攻，又很难防守，马其顿士兵纷纷丢下长矛逃命。

历史背景

第二次布匿战争中，马其顿国王腓力五世曾经与汉尼拔联合对付罗马人，罗马人对此非常不满，派军队驻守亚得里亚海岸，监视马其顿。公元前 168 年，佩尔修斯继承马其顿王位后，不断扩充兵源，训练军队，筹集粮食武器，准备与罗马决一死战。罗马人不想再容忍马其顿的所作所为，正巧帕加蒙王欧米尼斯去罗马陈述马其顿国王佩尔修斯侵略的意图，在回去的路上，佩尔修斯雇用刺客企图谋杀他。罗马人以此为借口，向马其顿宣战。

此战，马其顿士兵被杀者有 2 万人，被俘者 1 万多人，罗马仅损失几百人。佩尔修斯在逃跑途中被擒，后死于罗马狱中。马其顿灭亡。

在这场战役中，马其顿方阵表现出在适应战场环境上的笨拙，可以想象，要让上百人在战场上快速向前是可以的，但团团转应付来自各方的敌人，是很困难的，在狭窄地区就更困难了。

双方策略战术

马其顿军采用传统的方阵战术，一度使罗马军团节节后退，但其战术单调而古板，缺乏灵活性，最后失败；罗马人利用地形优势，采用侧翼包抄，短兵肉搏之战术大破马其顿方阵。

重要意义

皮德那战争，使强大的马其顿帝国走向消亡，罗马开始向一个世界性的强权帝国迈进。

冷兵器

　　冷兵器出现于人类社会发展的早期，一般指不利用火药、炸药等热能打击系统、热动力机械系统和现代杀伤手段，在战斗中直接杀伤敌人，保护自己的武器装备，广义的冷兵器则指冷兵器时代所有的作战装备。冷兵器是从早期人类耕作、狩猎等劳动工具演变而来的，随着战争及生产水平的发展，经历了由低级到高级，由单一到多样的发展完善过程。冷兵器的性能，基本都是以近战杀伤为主，按材质可分为石、骨、竹、木、青铜、钢铁等种；按用途可分为进攻性兵器和防护装具；按作战使用可分为步战兵器、车战兵器、骑战兵器、水战兵器和攻守城器械等；按结构形制可分为短兵器、长兵器、抛射兵器、护体装具、兵车、战船等。许多冷

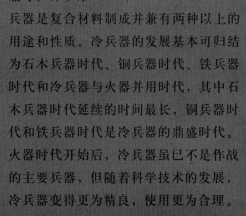

兵器是复合材料制成并兼有两种以上的用途和性质。冷兵器的发展基本可归结为石木兵器时代、铜兵器时代、铁兵器时代和冷兵器与火器并用时代，其中石木兵器时代延续的时间最长，铜兵器时代和铁兵器时代是冷兵器的鼎盛时代。火器时代开始后，冷兵器虽已不是作战的主要兵器，但随着科学技术的发展，冷兵器变得更为精良，使用更为合理。

加厚的箭头便于穿透较轻的铠甲

上色镀金以及上漆装饰

弓箭

弓箭手可以使用适当的箭头射中目标，穿甲的"锥形箭"非常锋利和尖锐，其他箭头则较宽一些。上图这些弓箭上精细的花纹表明它们属于地位很高的人。

战斧

这把从印度中部德干地区出土的华丽战斧有一个护具，这种护具在当时的印度剑中相当常见——手柄旋开之后就露出短剑。印度的武器经常具有这种特征，这种设计具有独创性，但是在战争中的实际使用效果值得怀疑。当时，马拉塔联盟从德干招募了很多强悍的战士，但是这个联盟部队后来被威灵顿公爵领导的英军打败。

箭头上面的缺口使其质量变轻

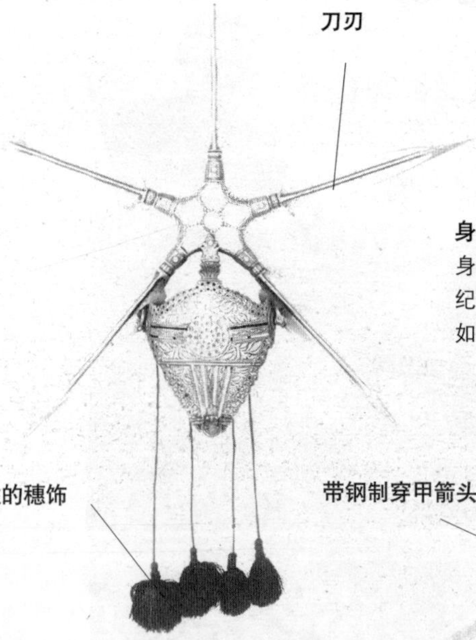

刀刃

身穿铠甲的骑士
身穿铠甲、手持长矛、骑在重型马上的骑士是中世纪时期欧洲的统治力量。当时存在很多反对者,比如瑞士矛兵或者英国弓箭手,并且他们很难对付。

装饰性的穗饰

带钢制穿甲箭头的弩箭

用于战争和狩猎的宽头弩箭

防御盾牌
这种罕见的武器常和盾牌一起使用,手持这种武器不仅能抵御敌人的剑。同时,使用者还可以将这种武器刺入对方的胳膊或者身体其他部位。

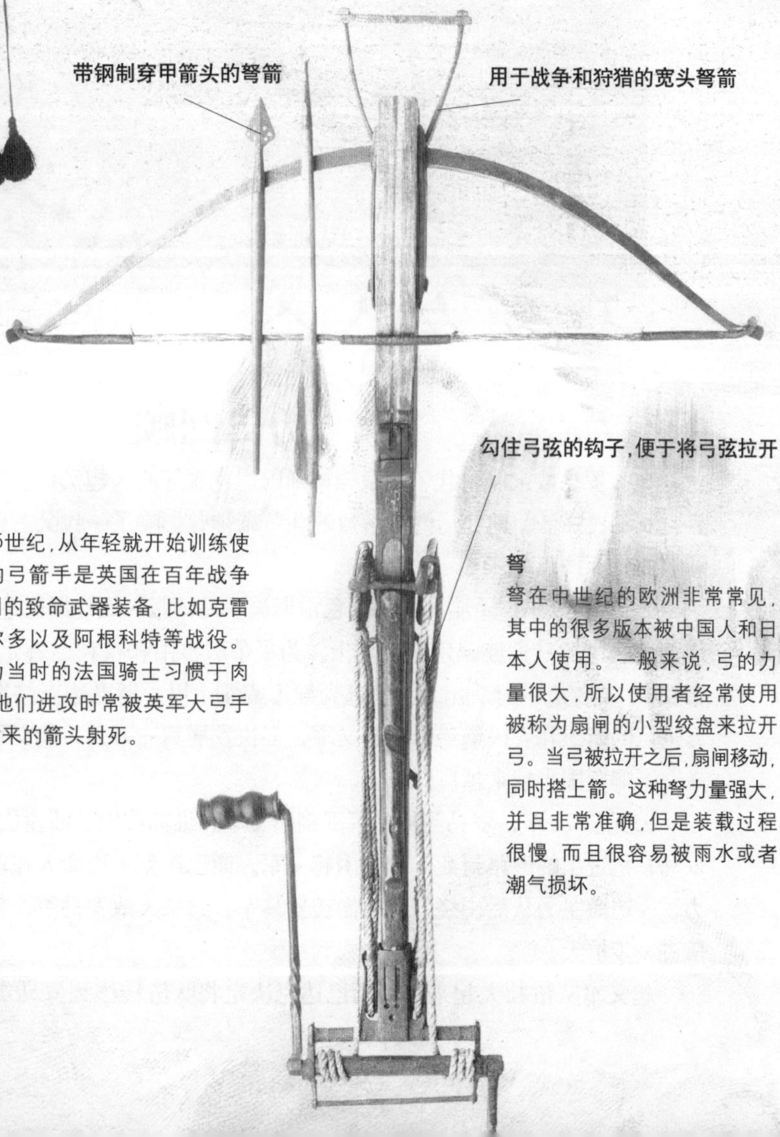

勾住弓弦的钩子,便于将弓弦拉开

大弓手
在14和15世纪,从年轻就开始训练使用长弓的弓箭手是英国在百年战争战胜法国的致命武器装备,比如克雷西·波尔多以及阿根科特等战役。这是因为当时的法国骑士习惯于肉搏战,在他们进攻时常被英军大弓手如雨般射来的箭头射死。

弩
弩在中世纪的欧洲非常常见,其中的很多版本被中国人和日本人使用。一般来说,弓的力量很大,所以使用者经常使用被称为扇闸的小型绞盘来拉开弓。当弓被拉开之后,扇闸移动,同时搭上箭。这种弩力量强大,并且非常准确,但是装载过程很慢,而且很容易被雨水或者潮气损坏。

斯巴达克起义

——罗马共和国的葬礼

交战双方： 罗马军队
奴隶起义军队

交战时间： 公元前 73 年～公元前 71 年

双方将帅： 罗马统帅有瓦利尼乌斯、椤图鲁斯、盖
利乌斯、克拉苏
起义军统帅是斯巴达克

双方投入兵力： 罗马为 6 个兵团约 9 万人
起义军 12 万人

双方使用兵器： 矛、盾、标枪、剑等

交战结果： 起义军遭到镇压而失败

斯巴达克雕像
斯巴达克在起义中表现了英勇的斗争
精神和卓越的军事才能，马克思称他
是"古代无产阶级的真正代表"。

历史回顾

在古罗马奴隶制时代，奴隶领袖斯巴达克领导的大起义，曾经震动了整个西方世界，其不畏强暴、前仆后继求解放的斗争精神曾影响了一代又一代奴隶，谱写了奴隶解放的光辉诗篇。

公元前 80 年，希腊东北部的色雷斯被罗马征服，战将斯巴达克被俘后沦为奴隶，成为一名供罗马贵族娱乐的角斗士。为了争取自由和权利，公元前 73 年，斯巴达克带领 70 多名角斗士杀死卫兵，逃到维苏威深山里。斯巴达克被推选为起义首领。许多逃亡的奴隶和农民纷纷参加起义军，很快发展到一万人，起义军的势力日益壮大起来，影响范围也越来越广。

公元前 72 年，罗马当局派军围剿起义军。维苏威山是断崖山，山后是悬崖峭壁，罗马军把进出的道路封死，欲围困起义军。斯巴达克一边命人在前面吸引敌人的注意力，一边命主力从后山绕到敌后偷袭罗马军。结果大败罗马军，起义军名声大震，队伍进一步扩大。

起义军队伍壮大起来后，斯巴达克决定将队伍转移到罗马实力较弱的意大利北

在古罗马，到处都有大规模使用奴隶劳动的大庄园，奴隶被称之为"会说话的工具"。奴隶主为了取乐，建造巨大的角斗场，强迫奴隶成对角斗，并让角斗士手握利剑、匕首，相互拼杀。一场角斗竞技下来，场上留下的是一具具奴隶尸体。奴隶主的残暴统治，迫使奴隶一再发动大规模武装起义。

部。罗马元老院命瓦利尼乌斯率领 1.2 万大军分三路截击。斯巴达克采取各个击破的策略，先后打败两路大军。两路失败的罗马军与第三路军汇合后继续反攻，将起义军困在山洞里。起义军正好得到了休整机会。休整完毕，起义军在营中点起篝火，吹响号角，迷惑敌人，然后趁夜色从崎岖的小道突破重围。天亮后，罗马军才知中计，急忙率军追赶。起义军又利用有利地势设下埋伏，打了个罗马军队一个措手不及。

公元前 72 年初，斯巴达克军队增到 12 万人，已具相当规模。于是，斯巴达克便按照罗马军队的形式将自己的部队进行了改编，除了由数个军团组成的步兵外，还建立了骑兵、侦察兵、通信兵和小型辎重部队。此外，斯巴达克还组织制造武器，对士兵进行训练，并制定了严格的兵营和行军生活规章。起义军声威大震，控制了整个坎佩尼亚平原。不久，斯巴达克决定继续北上，但是他的副手克里克苏由于和斯巴达克产生分歧，拒绝北上，带领 30000 余人原地留守。

罗马元老院对起义军的发展极为担忧，遂命楞图鲁斯和盖利乌斯统帅 2 个军团对起义军进行围剿。首先给了留守的克里克苏部致命一击，克里克苏阵亡。然后，罗马军又兵分两路夹击斯巴达克军。斯巴达克集中兵力先打击堵截的罗马军团，后又乘胜回头对追兵发起了猛攻，罗马军团再次惨败。

取得这场胜利后，斯巴达克不再向北转移，而是挥师南下，向西西里岛进军。罗马当局惊慌失措，派克拉苏统帅 6 个军团约 9 万人镇压起义军。这时斯巴达克大军已挺进到意大利半岛的南部，准备从这里渡海去西西里岛。但是被西西里收买而毁约的海盗没能给他们提供船只。斯巴达克只好组织起义军编制木筏，但海上的风暴使他放弃了计划。这时罗马大军赶到，起义军被围。斯巴达克打算趁夜率军冲破罗马防线渡海去希腊，

历史背景

公元前 2 世纪，罗马成了横跨欧亚非三大洲的帝国。连年的扩张，使大批的战俘和被征服的居民成为罗马人的奴隶。在罗马，到处都有大规模使用奴隶劳动的大庄园，奴隶被称之为"会说话的工具"。奴隶主为了取乐，建造巨大的角斗场，强迫奴隶成对角斗，并让角斗士手握利剑、匕首，相互拼杀。一场角斗戏下来，场上留下的是一具具奴隶尸体。奴隶和奴隶主的矛盾日益突出。公元前 73 年，世界古代史上最大的一次奴隶起义——斯巴达克起义爆发了。

但未能实现。

公元前71年，斯巴达克命精锐骑兵攻击敌人较弱的地方，自己率军集中攻击中路。斯巴达克被敌人重重包围，中枪十余处，壮烈牺牲，6万多士兵战死。斯巴达克的余部继续战斗达十年之久。

轰轰烈烈的斯巴达克起义虽然失败了，然而，这次起义的意义远远超出了起义的本身，它沉重地打击了奴隶主统治阶级，加剧了罗马奴隶制的经济危机，促使罗马政权由共和制向帝制的过渡，列宁在评价斯巴达克起义时指出："在许多年间，完全建立在奴隶制上的仿佛万能的罗马帝国，经常受到在斯巴达克领导下武装起来、集合起来并组成一支大军的奴隶的大规模起义的震撼和打击。"

双方策略战术

斯巴达克起义在军事上有许多成功之处，如在战斗行动中力求夺取和掌握主动权；组织好步兵和骑兵的协同，力主进攻；在战区内巧妙地移动部队；行军隐蔽迅速，设置埋伏，实施突袭；善于各个歼灭敌人。这些对后来的奴隶起义战争提供了许多有益的经验。斯巴达克多次运用迂回战术，出奇制胜，屡屡突破罗马军的围剿。

罗马军采用围追堵截的战术，凭借人多势众镇压了斯巴达克起义。

重要意义

斯巴达克起义虽然失败，但它沉重地打击了罗马统治，对罗马的政治、经济、军事都产生深远影响；这次起义敲响了罗马共和国的丧钟，一个新的军事独裁——罗马帝国即将诞生。

斯巴达克起义对奴隶解放与自由运动是一次巨大推动，在人民群众争取社会解放的斗争史上留下了不可磨灭的遗迹。

高卢战争
——恺撒战术大演练

交战双方：罗马军队
　　　　　　高卢军队
交战时间：公元前 58 年～公元前 52 年
双方将帅：罗马统帅是恺撒
　　　　　　高卢统帅是韦辛格托里克斯
双方投入兵力：罗马大军 10 个军团
　　　　　　　　高卢联军 25 万人
双方使用兵器：矛、盾、标枪、弓箭等
交战结果：罗马军队最终征服高卢

历史回顾

公元前 58 年，罗马杰出的政治、军事和文学家恺撒出任高卢总督。他为壮大自己的实力，战胜自己的对手进而确立独裁统治，先后对高卢发动了 8 次军事远征。

高卢由赫尔维提亚、比尔格和凯尔特三个部落组成，虽然部落之间并不团结，但却都对罗马的扩张很反感。于是纷纷采取行动，与罗马人进行对抗。首先是赫尔维提亚人，为扩张势力，36.5 万军民混杂在一起，向罗纳河沿岸迁移。恺撒得知消息后，急令一个军团阻止赫尔维提亚人的行动。但由于人数相差悬殊，罗马人无法阻止赫尔维提亚人的前进。于是，恺撒命令副将率军牵制敌人，自己则调集大军越过阿尔卑斯山，出其不意地出现在敌人的侧翼及身后。在毕布拉克德附近，与赫尔维提亚人展开激战。罗马军的弓箭、标枪让赫尔维提亚人猝不及防，只好投降返回原地。

制服了赫尔维提亚人后，恺撒又带军在莱茵河附近与日耳曼人展开激战，不但解除了英勇善战的 20 万日耳曼人对自己的威胁，还顺势征服了东北部的高卢部落和高卢位于当时罗马共和国北部的大片地区，包括今天法国、意大利、卢森堡、比利时、德国以及荷兰和瑞士的一部分。罗马与高卢的冲突由来已久，罗马人始终把高卢作为自己的威胁，只不过罗马因为长期陷于布匿战争和东方的战事，而无暇顾及高卢地区。到公元前1世纪，罗马征服了希腊，摧毁了非洲的迦太基，扫平了马其顿，镇压了斯巴达克起义，已经成为地中海世界最强大的霸主。这时，罗马人觉得该彻底解除高卢威胁了。

比尔格人。

恺撒大军虽然节节胜利，但是他对战败国采取的血腥屠杀和贪婪的洗劫，激起了高卢人的反抗。公元前53年，阿费尔尼人的青年族长韦辛格托里克斯联合其他部落，在高卢中部发起了大规模的反抗罗马入侵和暴政的起义。韦辛格托里克斯趁恺撒不在高卢之机，率领25万起义大军向罗马人发动攻击。为了不让罗马军得到一丝供给，起义军实行了"焦土"政策，将所到之处的粮草一律烧光。同时，起义军还切断了恺撒与罗马军联系的渠道。

恺撒只好翻过冰封雪冻的阿尔卑斯山，回到军营。恺撒的归来，使罗马人军心振奋，使起义军感到惊奇，并开始动摇。恺撒抓住这一良机，采取分化瓦解，各个击破的策略，一举将顽强抵抗的韦辛格托里克斯包围在阿莱西亚城。

伟大的征服者恺撒 19世纪 阿多芙·伊翁

画面中心恺撒一手托起地球，象征着世界在握，他的败敌被他的马踩于蹄下；左侧一些手持镰刀、身穿白衣的人物象征着死亡；右侧恺撒身后飞舞的人暗示着他伟大的征服。高卢战争使罗马获得面积两倍于意大利的肥沃土地和800多座城镇，恺撒个人则获得大量财富和政治资本，为其建立独裁统治莫定了基础。

建造在山顶上的阿莱西亚城，地势原本就险峻，再加上高卢人在城墙前方挖了壕堑，筑了2米高的护墙，恺撒不敢强攻，只好采取围困、封锁的战略。他派兵筑建封锁工事，并在工事前挖了许多陷阱，在陷阱后面挖了间隔100米的三道壕沟。又在中间的壕沟后面筑建起一道壁垒，让军队防守在壁垒间。

双方对峙了30余天后，阿莱西亚城内闹起了饥荒。与其等死，不如一战，韦辛格托里克斯决定率军突围。就在这时，城外的起义军赶来救援，这更坚定了韦辛格托里克斯突围的决心。可是，罗马人的防御工事却使援军无法接近阿莱西亚城。城内起义军用柴草泥土填平壕沟后，好不容易杀到罗马人的壁垒前，却遭到了从侧

翼绕到后方的罗马军队的攻击。高卢人腹背受敌，军心大乱，最后全军溃败，韦辛格托里克斯被俘。

到公元前51年，恺撒彻底镇压了高卢部落的多次起义。

恺撒获胜的原因

第一，罗马军队在人员和技术装备上占有优势。

第二，正确的战略战术和谋略计策。恺撒采取积极进取、果敢行动、歼敌有生力量的战略。具体表现为：

善于周密侦察敌情和地形，采用灵活多样的作战方式；

善于利用有利地形和迅速构筑工事；

长于快速移动兵力、实施突然打击，一旦击溃敌人则定要跟踪追击，务求全歼敌人而取胜。

为了孤立、分化敌人，采取外交手段，运用谋略和计策分化瓦解数量上占有优势但意志不统一的众多部落。

重要意义

高卢战争大大加强和壮大了恺撒的实力和权威，为建立独裁政权奠定了坚实基础。恺撒的战术大演练也极大地丰富了世界军事史的内容。

在这场战争中，恺撒意图用军事工事包围敌人，他命人在战场上布满大量障碍物。如图所示，他让人在丛林下面埋下铁制棒，在圆形陷阱里插上尖木桩，然后在整个工事的外围布满有着锋利枝杈的灌木丛。

安息与罗马之争

——马踏罗马军团

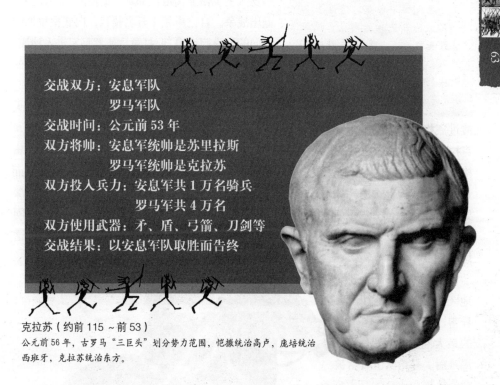

交战双方：安息军队
      罗马军队

交战时间：公元前 53 年

双方将帅：安息军统帅是苏里拉斯
      罗马军统帅是克拉苏

双方投入兵力：安息军共 1 万名骑兵
        罗马军共 4 万名

双方使用武器：矛、盾、弓箭、刀剑等

交战结果：以安息军队取胜而告终

克拉苏（约前 115～前 53）

公元前 56 年，古罗马"三巨头"划分势力范围，恺撒统治高卢，庞培统治西班牙，克拉苏统治东方。

历史回顾

  公元前 54 年，为增加自己的政治资本，克拉苏率领罗马军队包括 7 个重步兵军团、一个轻步兵军团和 4000 名骑兵共 4 万余人向东进发，开始入侵安息。当时，附属于安息王国的亚美尼亚国王阿尔塔瓦兹德早有脱离安息统治的想法。克拉苏便与他密谋，罗马军沿美索不达米亚沙漠推进，强渡幼发拉底河后向底格里斯河进攻，然后和阿尔塔瓦兹德的军队从两面对安息腹地实施钳形夹击，歼灭安息军队。

  安息王国位于幼发拉底河以东，境内主要是沙漠。安息王国以帕提亚人为主，过着游牧和半游牧生活，但是却建有一支完全由骑马的弓弩手组成的强大军队。他

公元前 1 世纪 70 年代末，罗马斯巴达克起义被镇压，罗马局势发生变化，庞培和克拉苏开始执政。此时，恺撒崛起于罗马政治舞台，经他周旋，庞培和克拉苏摒弃嫌隙。三人出于政治需要，达成秘密协议，建立罗马历史上的三头政治同盟。恺撒征服高卢后，庞培和克拉苏及罗马贵族对他产生戒心和忌妒。克拉苏为增加自己的政治资本，决定东侵。

们使用的弓与一般的弓有很大差别，这种弓是由许多块兽角组成的，拉起来很费劲，发出的箭射程远。

克拉苏入侵的消息很快传到安息国王耳中，于是他命令青年将领苏里拉斯率领骑兵迎敌。苏里拉斯是一位无所畏惧且极富幻想力的人，他命一支人马突击亚美尼亚部队，迫使阿尔塔瓦兹德退出战争。自己率领 1 万名骑兵，向底格里斯河方向的沙漠腹地退却，打算诱使罗马军进入沙漠，一举歼灭。他还配备了 1000 匹骆驼载运大量的箭，保证武器补给。

公元前 53 年，克拉苏占领了当年亚历山大渡过底格里斯河的地点尼斯发流门后，获悉安息的骑兵正向底格里斯河方向退却，克拉苏命令部队向北进发，决定沿捷径，穿过沙漠袭击敌人。4 月底，罗马军队在宙格马附近强渡幼发拉底河。安息军队在苏里拉斯的指挥下避免与其发生正面战斗，而是以袭击战的形式消耗敌人，并在不断的偷袭中将敌人慢慢引诱至无水的沙漠深处。善于远距离奔袭迂回的安息军队，使阿尔塔瓦兹德军受到惨重损失，被迫退出这场战争。

6 月，罗马军队进至卡尔海地区。正值夏天的沙漠炎热异常，缺水成了罗马军的最大问题，罗马军干渴难耐。补给队伍时常被截，缺粮少水，罗马军疲惫不堪。

已消除后顾之忧的苏里拉斯见时机成熟，下令发起全面反攻。骁勇的安息骑兵从四面迂回包围罗马军。罗马军强打起精神，组织成密

安息骑兵

安息军队的主力是骑兵，重骑兵头戴铁制硬盔，身披铁链护甲，骑着高头大马。轻骑兵则身穿宽松的衣裤，骑小而灵活的战马（如图所示）。

集的战斗队形，准备迎战。但安息人并不做正面交锋，而是在四周不停地运动，同时向罗马军万箭齐发。很快，罗马军队形大乱，丧失斗志的士兵在沙地上艰难地东奔西突。暴雨般的乱箭使罗马军全线崩溃，克拉苏在战斗中被杀死。罗马军几乎全军覆没。

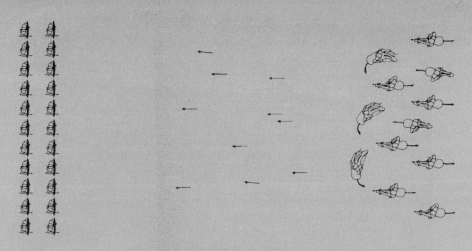

安息军队作战战术

安息军队运用迂回战术，当轻骑兵骑到离敌人约45米远处就开始放箭，然后一边撤退一边转到右侧保持骑射阵。当敌军阵营出现混乱，重骑兵便冲上去掩杀。在这场战争中，罗马军队遭到安息军队的围歼，统帅克拉苏被俘斩首，一度所向无敌的罗马军团几乎全军覆没，只有克拉苏的长子普布利乌斯所率的第一军团约6000余人拼死突围。

双方策略战术

卡尔海战役中，安息军采用诱敌深入策略，充分利用沙漠补给困难和自身优势，运用袭击战骚扰敌人；还采用运动围歼敌人的战术，成功歼灭了罗马军。而罗马军对敌人的策略判断失误，盲目行军造成最终的失败。

重大意义

这场战争抑制住了罗马向东的扩张，使罗马步兵的声威明显下降，改变了罗马三头政治同盟统治的局面。

罗马内战

——为罗马帝国奠基

交战双方：恺撒军队
　　　　　庞培军队

交战时间：公元前48年

双方将帅：恺撒军队为恺撒
　　　　　庞培军队为庞培

双方投入兵力：恺撒军队2.2万人
　　　　　　　庞培军队4.5万人

双方使用兵器：矛、盾、标枪、弓箭等

交战结果：恺撒军队击败庞培军队

恺撒头像

历史回顾

　　罗马内战的发动者是罗马晚期共和国时期著名的"前三头"和"后三头"。所谓"前三头"是指克拉苏斯、恺撒和庞培，三人为了各自的目的，秘密联合起来，结成反对元老院贵族派同盟，史称"前三头同盟"。

　　为使恺撒陷于战争，无暇问津政治，庞培和克拉苏积极支持恺撒出任高卢总督。恺撒用9年时间征服了高卢，不仅为罗马扩张了大面积疆土，也为自己积累了雄厚的财富，并锻炼出一支忠心耿耿的军队。

　　公元前55年，克拉苏在征服帕提亚的战争中不幸战死，三头同盟变成了两头，恺撒和庞培的较量也进入白炽化。公元前49年，庞培被元老院任命为独一执政官，命令恺撒交出兵权，否则将宣布恺撒为罗马"公敌"。

　　恺撒深知庞培的阴谋和野心，于是先发制人，于公元前49年1月突然率军越过卢比孔河（今意大利东北部），进军罗马，内战开始。

历史背景

罗马共和国末期,罗马出现全面危机,社会矛盾、阶级矛盾极其尖锐复杂。奴隶数量迅速增加,奴隶制度进一步发展,共和制统治显得过时了,垄断帝制建立是社会的迫切要求。罗马元老院在军事、政治独裁面前形同虚设。罗马的权力开始被一些拥有巨额财富和军队领导者所掌控。这些巨头私下结成同盟,明争暗斗,罗马政治成了他们合作与斗争的舞台,最终演变成军事上的对抗。罗马内战是公元前1世纪40～前30年代罗马奴隶制国家内部为争夺政权和建立军事独裁而进行的一场战争。

恺撒大军一路势如破竹,一举攻至罗马城下。庞培万没料到恺撒的部队如此果断迅速,来不及应战就逃往希腊。恺撒攻占了罗马和整个意大利。攻占罗马后,恺撒决定歼灭庞培留在西班牙的7个军团的主力,以保障后方安全和掌握战争的战略主动权。他率领6个军团开进西班牙。失去首领的庞培军未作认真抵抗即缴械投降。恺撒占领了整个西班牙。

为了扩大自己的社会基础,恺撒推行各省居民和罗马人权利平等的政策,从而,军队猛增至28个军团。而庞培在希腊总共只有9个军团。公元前48年,恺撒率领2.2万大军大举进军希腊。庞培组织4.5万军队于8月份在法萨卢斯准备与恺撒决一雌雄。

庞培军在法萨罗与埃尼派夫斯河之间的开阔地带布置了战斗队形:步兵横排成三线,右翼靠近埃尼派夫斯河,左翼集中了精锐的骑兵、投石手和弓弩手。恺撒军与之对阵,同样横排成三线,左翼傍埃尼派夫斯河,右翼为强大骑兵,并在其后埋伏3000名步

恺撒之死 18 世纪晚期 油画

这幅以恺撒之死为主题创作的画,将恺撒遇刺后瘫倒在血泊之中的场面表现得淋漓尽致。恺撒被刺中23刀(其中仅有一处是致命伤),倒在了庞培的雕像下气绝身亡。他死后被按照法令列入众神行列,被尊为"神圣的尤利乌斯"。元老院也决定将封闭他被刺杀的那个大厅,并将3月15日定为"弑父日",元老院永不得在这天集会。

兵，第三线配置预备队。恺撒军向前运动接敌。庞培的骑兵、投石手和弓弩手出击，攻击对方暴露的翼侧。恺撒骑兵主动后撤。庞培骑兵追击时遭到伏击溃散，恺撒骑兵乘胜迂回到庞培军后方，预备队也投入战斗。经过激烈的战斗，庞培大败，逃往埃及，被埃及国王托勒密暗杀，其残部全部投降。

恺撒为追击庞培的军团在埃及登陆后，卷入埃及内讧，打败托勒密国王的部队。随后，又进军攻打并击溃了占据着部分罗马领土的帕提亚人。

公元前 46 年，恺撒再次在非洲登陆，并在塔普苏斯城附近击溃贵族派军队。接着他又挥师西班牙，在公元前 45 年的孟达一战中击败庞培两个儿子的部队，庞培的残余势力彻底被消灭。公元前 45 年 9 月，恺撒建立了个人的军事独裁政权。

公元前 44 年 3 月，恺撒被共和派刺杀。公元前 43 年，其义子奥古斯都·屋大维及部将安东尼、李必达结成"后三头同盟"，共和制已名存实亡。

后三头当权后对共和派展开大屠杀和清洗，罗马又陷于内战中。公元前 42 年秋，菲利皮（马其顿东南部）一役，布鲁图等共和派一败涂地。此后，屋大维逐渐接近元老院。公元前 36 年，消灭了占据西西里岛的庞培之子，并剥夺了李必达的军权，形成屋大维和安东尼"两头"对峙的局面。屋大维待机进攻安东尼及与安东尼结婚的埃及女王克里奥帕特拉七世。

公元前 31 年 9 月，亚克兴海战中安东尼和埃及女王彻底失败，托勒密王朝灭亡，埃及被并入罗马，内战结束。公元前 27 年，屋大维获得元老院赠予的"奥古斯都"尊号，建立了罗马帝国。

获胜方的战略战术

恺撒善于发现对手的不足，侧翼机动，迂回作战出奇制胜；善于选择主要突击方向，巧妙地分割敌军，将其各个击破；他在迎击敌军时，通常集中兵力狠狠打击敌人某一侧翼；在战斗队形中通常留有强大的预备队。预备队作为战斗队形的重要组成部分，用来加强部队在主要方向上的突击力量，实施决战和扩张战果，这是军事学术史上的创举。

恺撒和他的继承者屋大维，都善于根据政治、经济和军事的不同形势来指导战争，能从政治的全局高度把握军事问题，实现了政治目标同军事手段的完美结合。

重要意义

罗马内战揭开了罗马历史新的一页，使罗马奴隶制从共和发展到帝制的新阶段。这次内战对于推动军事学术的发展起了很大的作用。

阿克兴海战

——战争、阴谋与爱情

交战双方：屋大维军队
　　　　　安东尼军队

交战时间：公元前 31 年

双方将帅：屋大维军队为屋大维
　　　　　安东尼军队为安东尼

双方投入兵力：屋大维军队 4 万人
　　　　　　　安东尼军队 4 万人

双方使用兵器：矛、盾、标枪、弓箭等

交战结果：屋大维击败安东尼取胜

历史回顾

公元前 31 年 9 月，安东尼和埃及女王率军 10 万人、战船 500 艘来到希腊西海岸，将舰队配置在安布拉基亚湾，陆军驻扎在海湾南岸一带。屋大维带领 4 万人马，400 余艘战船向埃及进军。屋大维以陆军占领科孚岛和莱夫卡斯岛，对安东尼军形成南北夹击态势，以舰队控制安布拉基亚湾出口，并派战船袭扰安东尼的后方补给线。

安东尼派步骑兵袭击屋大维军受挫，面临供应困难、士气不振、兵员逃亡的不利局面，遂决心在海上决战。

罗马帝国皇帝屋大维

这是一位集行政、军事、司法、财政和宗教于一身的君主，其地位可谓至高无上。在他统治时期，罗马帝国的疆域北起多瑙河，南到非洲（包括埃及在内的北非一带），西起比利牛斯半岛，东到两河流域和小亚细亚半岛，是古代史上一个最庞大的帝国。

安东尼将舰队分为左、中、右三个部分，排成一线，他亲自指挥右翼的170艘战舰，左翼安排阿格里帕率领两支舰队，中央为一支舰队，在右翼中央的后面是克里奥帕特拉率领的一个支队共60艘战舰。安东尼将右翼兵力集中，其目的是想从对方的左翼形成突破，迂回到敌人的后方进行夹击。并且当自己迂回到敌后时战线形成的空档再由克里

营帐外的安东尼
公元前40年，安东尼和屋大维的妹妹屋大娅娅结婚，但3年后，安东尼认识到他和屋大维根本不可能和解，遂前往东方会见克里奥帕特拉。此图表现了安东尼和克里奥帕特拉的会见场面。

奥帕特拉堵塞，这样，战线仍然会保持完整。屋大维针对敌方部署特点，也将舰队分成左、中、右3个编队，并成一线展开，由海军名将阿格里帕指挥左翼编队迎战安东尼。

9月2日，安东尼率舰队驶抵海湾出口亚克兴角，其右翼编队从上风方向发起攻击。阿格里帕的左翼编队充分发挥船体轻、航速快、机动灵活的特点，避开对方矢石的攻击，运用撞击、火攻、接舷跳帮等战术进行反攻。安东尼舰队船体笨重，被动挨打，损失惨重，其中央和左翼编队见胜利无望准备掉头回航。女王所率编队也挂起风帆驶向埃及。安东尼见大势已去，无心再战，命令战

屋大维时期的罗马军团
屋大维是罗马所有军团的最高统帅，他建立了30万人的常备军和一支驻在罗马的近卫军，身边还有一支由日耳曼人组成的精锐卫队。他凭着这些武力，打败国内外敌人的进攻，镇压奴隶的反抗，维持其奴隶主军事独裁的统治。

罗马内战过程中，具体地说，就是在菲利皮之战后，屋大维和安东尼之间争夺国家统治权的斗争日益加剧。公元前37年，安东尼与埃及女王克里奥帕特拉七世结婚，并表示将东方行省部分地区赠与女王及其子嗣。公元前32年，屋大维鼓动元老院和公民大会宣布安东尼为"公敌"，随即对埃及宣战。阿克兴海战是屋大维和安东尼的一次海上决战。

船尾随其后撤离战区。此战，安东尼损失战船300余艘，其陆军全部投降。

第二年，屋大维进攻埃及，安东尼无路可走，伏剑自刎，克里奥帕特拉和宫女一同服蛇毒而死。

自此，罗马内战结束，屋大维建立起了一个地跨欧、非、亚三洲的罗马帝国。

双方策略战术

在战争中屋大维机动灵活，时而攻，时而进，与敌人迂回作战，给对手以沉重打击。而埃及军的临阵脱逃，葬送了战胜屋大维的机会，导致惨败。

重要意义

通过阿克兴海战，屋大维彻底消灭了安东尼，将罗马大权集于一身，建立了元首制，成为罗马第一个皇帝，从此，罗马进入新的奴隶制帝国时代。

罗马镇压犹太人起义
——耶路撒冷攻坚战

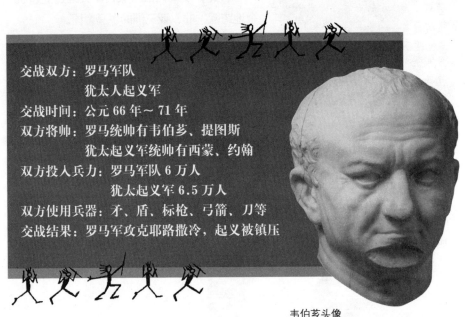

交战双方：罗马军队
犹太人起义军

交战时间：公元 66 年～ 71 年

双方将帅：罗马统帅有韦伯芗、提图斯
犹太起义军统帅有西蒙、约翰

双方投入兵力：罗马军队 6 万人
犹太起义军 6.5 万人

双方使用兵器：矛、盾、标枪、弓箭、刀等

交战结果：罗马军攻克耶路撒冷，起义被镇压

韦伯芗头像
韦伯芗在尼禄死后的混乱中当上罗马
皇帝，他在儿子台塔斯的协助下镇压
了犹太人的起义。

历史回顾

公元 66 年，罗马人和犹太人在巴勒斯坦沿海发生冲突。罗马军队杀死许多犹太人，并趁机抢掠他们的财物。愤怒的犹太人在西蒙和约翰的领导下，掀起了一场轰轰烈烈的起义。受奴役的奴隶、贫民，还有城市中层市民纷纷加入起义行列。起义军向围攻的罗马兵发起攻击，抢夺他们的武器，不少罗马士兵惨死在起义军手下，一些被迫当兵的士兵反戈一击，倒向起义的队伍。起义军不久就占领了希律王宫和安托尼亚塔，并在这里与前来镇压的罗马军展开了会战。起义军凭借有利地势和坚固的防御，用弓箭、石块和标枪猛攻敌人，罗马兵伤亡惨重。人数占优的起义军趁势一举全歼耶路撒冷城内的罗马军，清除了城中的罗马贵族。整个耶路撒冷城被起义军占领。

历史背景

公元前 65 年，罗马大军开始征服巴勒斯坦地区，公元前 63 年将其划为行省进行管辖。犹太人的国家不复存在了。罗马人开始了对犹太人的残酷统治和奴役。繁重的苛捐杂税和官吏的暴戾无道激起了犹太人的强烈不满。犹太人不断发动反抗罗马帝国统治的斗争，均被统治者疯狂镇压。公元 64 年，罗马发生火灾，统治者嫁祸于基督教忠诚的信徒犹太人，并对其大肆捕杀，这进一步激化了罗马人与犹太人的矛盾。

胜利后的起义军不敢有半点松懈，他们大修防御之事。耶路撒冷城建筑在一个高地上，除了北面比较平坦之外，其他三面都是深谷。居高临下，再加上犹太人修筑的各种防御设施和城墙堆放有充足的弓箭、石块、标枪等投掷物，整个城市非常坚固，易守难攻。

公元 66 年 9 月，罗马人开始调兵镇压起义军，但是起义军固若金汤的防御使战斗力强大的罗马军伤亡惨重，只好撤退。约翰带兵事先在敌人退路上设好埋伏，一举歼灭罗马军 6000 余人。起义军连连获胜，威名不断传开，周围的奴隶等纷纷加入进来，起义队伍迅速壮大到 6.5 万余人。

公元 67 年 2 月，罗马国王任命韦伯芗为统帅，带兵 6 万人进军耶路撒冷。罗马军行至伽利利地区，遭到起义军的阻击，韦伯芗开始围攻伽利利城，但是却久攻不下。韦伯芗开始封锁伽利利城的进出道路，欲使城内断绝供给不战自降。伽利利城内各派联合起来共同对敌，主动出击，骚扰罗马大军。而另一城市的起义军也不时从背后袭击。韦伯芗镇压完周边起义军继续集中兵力围困伽利利。但这时罗马发生政变，韦伯芗急忙赶回罗马。

公元 69 年 6 月，登上皇帝王位的韦伯芗任命他的长子提图斯为统帅发动了第二次对耶路撒冷的围攻。提图斯是一位在军事上很有天赋的人。他利用一年的时间侦察耶路撒冷

这块浮雕是为了庆祝提图斯在公元 70 年成功征服犹地亚而雕刻的，表现的是一列古罗马士兵正从耶路撒冷神殿中撤走战利品。

的地形，做好各项准备工作。

提图斯不敢贸然强行攻城，而是把部队部署在城市的北面，派几支精锐部队封锁耶路撒冷的各进出关口，还断绝了城里的一切粮草来源和外界联系。同时，他还对耶路撒冷周围的起义军和起义的据点，各个击破。耶路撒冷的犹太人陷入孤立无援的境地。顽强的犹太人凭借险要地形和坚固的防线坚守5个多月，直到弹尽粮绝，耶路撒冷被攻破。起义军退守基督教信徒的圣地"神殿"。冲进城里的罗马军烧毁神殿的大门，对神殿内的财物抢劫一空，然后放火烧毁了神殿。

耶路撒冷遭到洗劫，起义军领袖西蒙和约翰被俘，60万市民只剩7万，被钉在十字架上处死的不计其数。

双方策略战术

起义军充分利用地形的优势与敌人对峙，终因孤立无援、弹尽粮绝而失败；罗马军采取严密封锁、各个击破、孤立敌人的战略战术，最终攻克耶路撒冷。

重要意义

犹太人的起义给罗马帝国的统治以沉重的打击，迫使罗马帝国改变了对犹太人的统治方法；犹太人的壮举为犹太民族树立了榜样。

罗马皇帝三次远征耶路撒冷，将全城夷为平地，屠杀了一百多万犹太人；幸存者被虏回罗马为奴，或驱入角斗场与野兽搏斗，让野兽活活吃掉；罗马皇帝还宣布永远放逐犹太人，过了两百年才允许流落各地的犹太人每年回乡凭吊一次。

拜占庭波斯战争

——两败俱伤的拉锯战

交战双方：拜占庭军队
         波斯军队
交战时间：公元527年～628年
双方将帅：拜占庭将帅有贝利撒留、贝思、希拉克等
         波斯将帅有扎基西斯、梅尔美劳斯等
双方投入兵力：拜占庭约20万人次
             波斯20余万人次
双方使用兵器：矛、盾、标枪、弓箭等
交战结果：双方交战过程中互有胜负，最后一次波斯军战
         败而终结

历史回顾

公元527年，刚继位的查士丁尼一世为恢复昔日罗马的辉煌，对内厉行改革，加强中央集权，对外开始扩张。他任命贝利撒留为东征统帅，率领2.5万人进攻波斯。波斯人立即命令扎基西斯率领4万大军在尼亚比斯阻击贝利撒留的东征军。公元529年，以逸待劳的波斯军对疲惫的东征军发起猛烈的进攻，贝利撒留全军溃败。波斯军乘机猛追，一直追到美索不达米亚平原地区。贝利撒留只好退守战略要塞德拉城，但他并未选择一味地防守，而是在要塞的南边平坦开阔的平原上命士兵挖一条"丁"字形堑壕，然后开始排兵布阵。他把勇敢而矫健的轻骑兵和步兵安排在壕沟里隐藏，将重骑兵部署在壕沟的前面。很快波斯军骑兵就向拜占庭重骑兵猛冲过来，拜占庭骑兵顽强抵抗，尽可能大地消耗对方的体力。人数占优的波斯军形成强劲的冲击波，拜占庭

重骑兵终于支撑不住向后败退。这时贝利撒留命令埋伏的骑兵和步兵迅速冲出，猛攻波斯军，波斯军死伤无数。

公元532年，拜占庭为实现收复西罗马的计划，以退出德拉城驻军，向波斯支付巨额赔款为条件与波斯缔结合约。

拜占庭西征，收复了大片西罗马领土。波斯对拜占庭的胜利极为担心。公元540年，查士丁尼将贝利撒留召回国，其理由是要对付来自波斯方面的新威胁。不过，真正的原因似乎是由于查士丁尼的恐惧心理，因为他听到一些传说，说哥特人在向贝利撒留求和的时候，曾经决定承认他为西方的皇帝。正当贝利撒留取道回国的时候，波斯的新国王乔斯罗斯也完成了又一次横越大沙漠的进军，占领了安条克城。而后，在查士丁尼答应每年输送大量钱财的条件下，缔结了一项新的和约。可是，在乔斯罗斯刚好返回波斯以后，贝利撒留回到了君士坦丁堡，于是，查士丁尼又立即撕毁了这个条约。双方再次爆发战争，因为拜占庭兵力集中于西方，所以，波斯军一路势如破竹，先后攻占安条克、

亚美尼亚。接着又向美索不达米亚挺进。面对咄咄逼人的攻势，查士丁尼一世忙调兵支援。

公元545年，双方再次签订5年的休战协议。随后，拜占庭为援助被波斯侵占的科尔奇斯人，双方在高加索山麓进行了长达13年之久的拉锯战。双方各有胜负，损失惨重。公元562年，双方又缔结合约，波斯人放弃对科尔奇斯的侵占，拜占庭每年支付1.8万磅黄金给波斯，期限为50年。

连年的战争和巨额的赔款，使得拜占庭出现了财政危机。公元572年，查士丁尼三世停止向波斯支付黄金。波斯遂发兵进攻

拜占庭的武圣人
在出征时，拜占庭士兵总会携带这种木刻神像。战斗开始前，战士们跪在神像前，祈求神灵保护他们，并保佑他们取得战争的胜利。

拜占庭，大获全胜，并索赔4万磅赔款。公元589年，波斯发生叛乱，拜占庭趁机向波斯发兵，一举攻破波斯首都泰西封，帮助库斯鲁二世夺回了王位，并稳定了东方边境。

拜占庭在积极对外扩张的同时，内部的权力斗争日益加剧。在拜占庭帮助下重新登上波斯王位的库斯鲁二世趁机发兵西征，攻陷德拉城后，继续兵分两路向西挺进，先后攻破安条克、埃梅萨、大马士革等地。公元613年，波斯军队侵入叙利亚，开始进攻耶路撒冷。为保卫"圣地"，拜占庭士兵和城中居民浴血奋战，80天后，城池被攻破，耶路撒冷成为废墟。波斯大军已经威胁到拜占庭的首都君士坦丁堡。

波斯国虽然拥有强大骑兵、步兵，但是海军较弱。公元622年，拜占庭皇帝希拉克略抓住这个机会，亲率大军避开波斯的正面进攻，乘战舰出其不意地攻取小亚细亚。波斯忙派援兵救急。12月12日，以逸待劳的拜占庭军队在卡帕多西亚与波斯军展开会战，波斯军惨败，弃城而逃。希拉克略乘胜追击，一举追至波斯首都泰西封城下。波斯被迫与拜占庭签订和约，交还侵占的所有土地及"圣十字架"，两国又回到以前的状况。

双方策略战术

拜占庭与波斯的拉锯战中，波斯充分发挥　　陆军优势，在绝大多数时间里占有主动权，但缺乏强大的海军使其最　　终战败；拜占庭军队采用主动进攻，利用优势地形，诱敌迂回作战，　　以少胜多，以弱胜强，最终取得胜利。

重要意义

历时100年的拉锯战使两国两败俱伤，为中东阿拉伯人的兴起和扩张创造了条件。

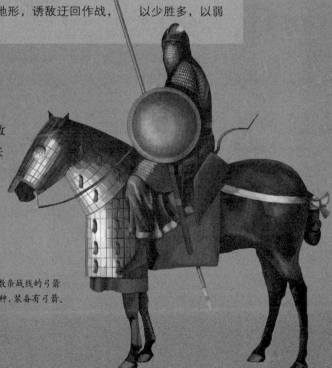

在波斯战争中，波斯军队的战斗队形由配置成数条战线的弓箭手、矛兵、战车和骑兵组成，其中骑兵是主要兵种，装备有弓箭、短矛和剑，并配有藤制盾牌和鱼鳞铠甲护身。

哥特战争

——贝利撒留的精彩战法

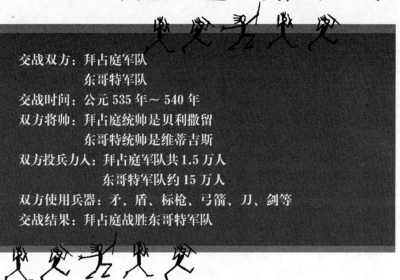

交战双方：拜占庭军队
　　　　　东哥特军队

交战时间：公元 535 年～540 年

双方将帅：拜占庭统帅是贝利撒留
　　　　　东哥特统帅是维蒂吉斯

双方投兵力入：拜占庭军队共 1.5 万人
　　　　　　　东哥特军队约 15 万人

双方使用兵器：矛、盾、标枪、弓箭、刀、剑等

交战结果：拜占庭战胜东哥特军队

历史回顾

　　东哥特王国在国王狄奥多利克时与罗马的元老维持了比较好的关系。狄奥多利克死后，王位传给了他的外孙阿特拉里克，但实权掌握在太后阿拉马松塔手里，阿拉马松塔是个十足的亲罗马派。公元 534 年，阿特拉里克病故，阿拉马松塔感到自己地位不稳，便秘密派人与查士丁尼联系，表示为保住自己的地位，愿把意大利交还东罗马。接着，她又立自己的表弟狄奥达特为国王。不想狄奥达特即位后反而囚禁了她，后来干脆把她处死了。这便给了查士丁尼兴师问罪的借口，于是历时 20 年之久的"哥特

东哥特人进军罗马

历史背景

公元 527 年，具有雄心壮志的查士丁尼成为西罗马帝国（也叫拜占庭帝国）的皇帝，这时的西罗马版图已支离破碎，被异族瓜分，意大利沦入东哥特人的手中。查士丁尼立志要夺回被蛮族占据的领土，重新恢复古罗马帝国的昔日雄风，对哥特发动了征服战争。

战争"爆发了。

公元 535 年，查士丁尼命贝利撒留为统帅率领 1.5 万人远征意大利。在过去的 60 年间，意大利处于东哥特人的统治下，收回意大利是恢复古罗马辉煌的关键。贝利撒留决定先攻取西西里作为进攻基地。536 年 5 月，他带兵渡过墨西拿海峡，开始进攻沿海重镇那不勒斯城。那不勒斯城地形险峻，易守难攻。守军储存了大量的粮草，准备凭险坚守。贝利撒留围困 20 余天，几次强攻都未能见效，战事毫无进展。贝利撒留仔细侦察周围地形，发现了一条干涸的进城水道，当晚便派 400 名士兵沿这条水道溜进城去，打开城门。先进城的 400 名士兵与主力军里应外合，一举攻破那不勒斯城。与此同时，拜占庭与占据高卢的法兰克人建立了同盟，东哥特人面临两面受敌的境地。

那不勒斯的失陷，使东哥特人极为恐慌。他们废掉狄奥达哈德，选武士出身的维蒂吉斯为王。维蒂吉斯凶悍善战，有勇有谋。他用领土收买法兰克人，以稳定后方。然后，在罗马留下少许驻军，自己则携罗马元老作人质，率大军撤出罗马城。公元 536 年 12 月 10 日，罗马教皇和城中居民违背对维蒂吉斯立下的誓言，开城迎接贝利撒留入城。

东哥特人不甘心将罗马城轻易让人，遂于次年 3 月，倾全国兵力 15 万人，开始围攻罗马城。贝利撒留军中大多数士兵是罗马人和同盟者匈奴人，他们是优秀的骑射手，可是哥特人中却没有一个人熟知这种战法，他们的骑兵只习惯于使用长枪和短剑。贝利撒留抓住这一点，修整城墙，备足弓箭，只等敌人来攻。31 日，剽悍

公元 540 年，查士丁尼的军队从东哥特人手中夺回了拉文纳，为了纪念此次胜利，他命人在克拉斯建造了这座长方形教堂。

这幅大理石双折画中，坐在王座上的是罗马派驻东哥特王国的执行官卢佛斯·杰纳迪厄斯·普罗勃斯·奥雷斯特斯，他身后是两个代表罗马和君士坦丁堡的人物造型。

的东哥特骑兵攻来。贝利撒留闭门不出，在城墙上指挥将士开弓放箭，投掷石块、标枪等。东哥特人顿时乱了阵脚，战死者有 3 万人之多。维蒂吉斯见强攻不行，便改变策略，将罗马城团团围困，毁掉罗马城的供水道，断绝城中水源。这一举动一度使罗马居民十分恐慌，维蒂吉斯处死了充当人质的罗马元老，引起了城内军民对东哥特人的仇视。维蒂吉斯失去了劝诱罗马投降的最好机会。接着，又有 1600 名骑兵赶来增援罗马，城内将士精神大振。贝利撒留决定出击，一举消灭东哥特人。东哥特人在罗马人的攻击下节节败退，弃营而逃。

贝利撒留下令在台伯河上的米尔费亚桥上切断敌人退路，可是，冲进东哥特人军营的士军只顾抢劫财物而无人听命。

东哥特人元气大伤，但在维蒂吉斯的领导下依然坚持苦战。公元 539 年，贝利撒留攻下了他的最后两个据点，直向东哥特人首都拉韦纳进攻。

因为害怕拜占庭的势力增长会威胁到自己利益，再加上维蒂吉斯的鼓动，波斯撕毁和约，对拜占庭开战。查士丁尼担心两面受敌，意欲与东哥特和谈，但是贝利撒留却加强围攻。东哥特人以贝利撒留称王为条件同意投降，贝利撒留虚意接受。东哥特人投降后他却拒绝称王，并将维蒂吉斯送到君士坦丁堡。然而，忠心的贝利撒留却受到猜疑，并被解职。东哥特人再次围攻罗马，一年后被打败。

双方策略战术

在整个战争过程中，贝利撒留的战术体系和防御－进攻战略，构成了拜占庭帝国的军事基础。在以后的几个世纪中，西欧进入了中世纪的黑暗时代，而拜占庭帝国却继续维持了它的地位和罗马的传统。从拜占庭的两本著名军事学教科书中，即从毛里塞皇帝的《战略学》和李阿的《战术学》中，还可以看到这些作战方法和军事组织的进一步发展。

战略上，东哥特军队采用正确的封锁断源策略，但战术单一死板；贝利撒留在战争中善于利用地形，采用偷袭、防守等灵活战术，发挥优势攻敌之短，最终战败东哥特人。

重要意义

罗马虽然赢得了胜利，但是却丧失了大量的财力、兵力，不但没有恢复古罗马的辉煌，反而大大削弱了拜占庭帝国的国力。

阿拉伯的扩张

——伊斯兰世界的崛起

交战双方：阿拉伯军队
　　　　　拜占庭军队

交战时间：公元 633 年

双方将帅：阿拉伯统帅是哈立德
　　　　　拜占庭统帅是狄奥多拉斯

双方投入兵力：阿拉伯军队 2.5 万人
　　　　　　　拜占庭军队 5 万人

双方使用兵器：矛、盾、标枪、弓箭、剑等

交战结果：阿拉伯打败拜占庭军队

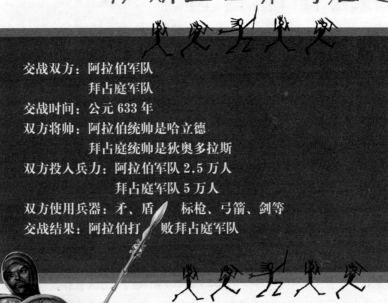

历史回顾

公元 632 年，穆罕默德带领 3 万大军以"圣战"的名义进军叙利亚，这是他最后一次如此大规模远征。当行军接近叙利亚边境时，年老体衰的穆罕默德经不起如此长途跋涉而去世。

继任的艾卜·伯克尔其继承者继续执行对外军事扩张的"伊斯兰远征"计划。公元 633 年秋，组织三支阿拉伯军队，每支 7500 人，从阿拉伯半岛

阿拉伯是游牧民族，军队以骑兵和骆驼兵为主，主要武器是投枪，擅长沙漠作战，军队组织严密，骑兵部队机动快速，从而能达成作战的突然性。但阿拉伯军队不善用弓、剑、长矛和攻城器械，攻城的方法只是强攻、策反和封锁。在穆斯林的世界里，贵族带领他忠诚的士兵举起武器与不信宗教的人们抗争，起初他们运用打了就跑的战术进行沙漠掠夺，转而从事大规模战争。

出发，经叙利亚沙漠侵入巴勒斯坦和叙利亚。迅速降服了这些国家，并命令这些国家的居民改信伊斯兰教。阿拉伯强大了起来，要想实现扩张野心，对东面的波斯、西面的拜占庭两大帝国的战争是不可避免的。于是，阿拉伯人首先把矛头指向了拜占庭。

拜占庭皇帝相信沙漠中的基督教徒可以阻止伊斯兰教徒的前进，并不放在心上。很快阿拉伯人就攻占了巴勒斯坦南部地区，这使拜占庭人提高了警惕。皇帝希拉克略命令他的兄弟狄奥多拉斯率领相当的兵力集中在大马士革以南，准备阻击阿拉伯人。阿拉伯人听到消息后，有"安拉之剑"之称的哈立德亲率一支突击队，利用骆驼在沙漠的优势，闪电般地出现在敌人的后方，从背后猛攻拜占庭军队。猝不及防的拜占庭军被打得一败涂地，只好退守大马士革城。哈立德趁势围攻，但几次都没攻破。于是，他又采取封锁的策略，6个月后，拜占庭军不得不开城投降。

公元636年春天，不甘心的希拉克略派一支新兵约5万人直扑大马士革城。哈立德为消灭敌人的气势，立即带兵撤出大马士革城，将全部的2.5万人兵力集中在耶尔穆克谷地的东南面。然后派小股部队攻城诱敌，对拜占庭军队进行各个击破，慢慢消灭。几次交战，拜占庭军队伤亡惨重，不得不坚守城池。哈立德仍以封锁策略，切断进出大马士革的所有交通线。公元636年8月20日，拜占庭军队被迫在耶尔穆克谷

以"圣战"的名义
穆斯林圣战从本质上来说，是维护伊斯兰教教义的斗争，特别是在伊斯兰理想面临障碍的地区斗争。穆罕默德的信徒坚信保卫伊斯兰教免受敌人伤害是他们的责任。

公元7～8世纪，穆斯林统一国家——阿拉伯帝国形成后，为了扩大其统治范围，以"传播伊斯兰教"和"展开反对异教徒的圣战"为借口，强行吞并西亚、北非和西南欧大片领土。在穆罕默德宣传伊斯兰教以后不到100年的时间里，穆斯林军队不仅建立了一个从印度洋到大西洋延伸6000公里的帝国，而且使伊斯兰教得到广泛传播。

地与阿拉伯人展开会战。这时的拜占庭军队士气低落，虽然人数占优，但大多是抓来的奴隶，根本就无心打仗。而阿拉伯信徒们精神振作，奋不顾身地冲向敌人的阵地。在阿拉伯人的猛攻下，拜占庭军队几乎全军覆没，希拉克略的弟弟狄奥多拉斯被杀死。阿拉伯人占领了整个叙利亚地区。

阿拉伯人取得西线胜利后，开始对因连年战争而变得外强内空的波斯发动进攻，637年6月，阿拉伯人轻松攻占了首都泰西封，波斯也成为阿拉伯人的一部分。

双方的策略战术

阿拉伯军队组织严密，骑兵部队机动快速，从而能达成作战的突然性；在战术上充分利用包抄夹击、出奇制胜、封锁围歼、诱敌深入等灵活多变的战术，最终征服叙利亚及拜占庭帝国，这也是军事史上典型的战例。

重要意义

阿拉伯人成为西亚霸主，建立了横跨三大洲的帝国；阿拉伯对外扩张的战争加速了阿拉伯社会封建化的进程，建立起一些神权专制式的中央集权封建主义国家，扩大了伊斯兰教的传播范围，为巩固和扩大自己的统治创造了有利的条件。

君士坦丁堡会战

——希腊火照亮拜占庭

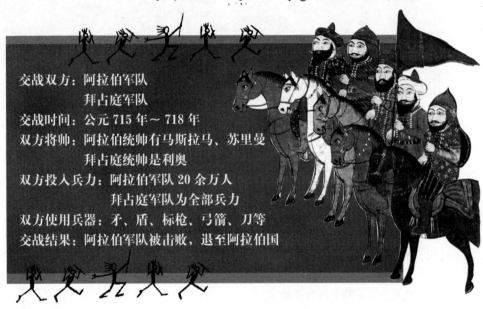

交战双方：阿拉伯军队
　　　　　拜占庭军队

交战时间：公元715年~718年

双方将帅：阿拉伯统帅有马斯拉马、苏里曼
　　　　　拜占庭统帅是利奥

双方投入兵力：阿拉伯军队20余万人
　　　　　　　拜占庭军队为全部兵力

双方使用兵器：矛、盾、标枪、弓箭、刀等

交战结果：阿拉伯军队被击败，退至阿拉伯国

历史回顾

公元655年，阿拉伯人派一支海上远征军进攻君士坦丁堡。虽然拜占庭舰队遭到重创，但因阿拉伯内乱，阿拉伯人放弃了继续进攻。公元668年，阿拉伯人又从陆海两路进攻。陆军很快攻占了卡尔西登，从这里进入色雷斯境内，开始攻击君士坦丁堡；海军攻占了博斯普鲁斯，虽然取得了海上控制权，但每次进攻都遭到拜占庭军舰的顽强阻击，终因损失船只人员过多而撤退。

公元715年，阿拉伯领袖瓦利德去世，苏里曼一世继承王位，开始筹备对君士坦丁堡的大规模进攻。苏里曼的兄弟马斯拉马率领陆军从陶拉斯进入罗马尼亚；苏里曼将军带领阿拉伯海军进军。途中他们都被最有资格继承拜占庭皇帝的伊索里亚人利奥所击败。

公元717年，利奥发动政变，登基做上皇帝。他马上补充谷仓，扩充军队，还研制兵器，修补城墙，并在城墙上安置许多战争器械，以便加强防御。君士坦丁堡本来就建立在一个岬角上，三边濒海，接陆的西面内外有两道坚固的城墙，地势险峻，再加上这样的防御，城池变得坚不可摧。

8 月，阿拉伯军队开始从水陆大举进攻君士坦丁堡。马斯拉马从陆上攻克柏加曼，8 月 15 日攻到君士坦丁堡的外城。马斯拉马立即下令攻城，险峻的地势和拜占庭的坚固防御使他没能占得丝毫便宜。他命令在君士坦丁堡外城墙外挖掘一条深深的壕堑，打算从陆上封锁君士坦丁堡。然后马斯拉马又派苏里曼率领舰队从海上切断君士坦丁堡从爱琴海和黑海方面的供给。但是博斯普鲁斯海峡正好处在君士坦丁堡的掩护之下，拜占庭的军舰都停在这里。当阿拉伯舰队尚未布成战线时，利奥立即下令让舰队出战。拜占庭士兵用新研制出的"希腊火"喷射在阿拉伯人的舰船上。由硫黄、石油、石灰等组成的"希腊火"液体，见水迅速燃烧起来。阿拉伯战船被烧毁 20 只。当苏里曼的主力赶到时，利奥已经退回海湾。苏里曼不敢轻易突入，只好撤退，海上封锁失败。

伊斯兰教徒不能适应欧洲冬天的寒冷，数以千计的士兵死亡，苏里曼将军也没有逃过劫难。

历史背景

打败拜占庭和波斯两大帝国后，阿拉伯人乘势继续扩张，不久就建立了横跨亚欧非三大洲的大帝国。这时的拜占庭帝国却衰颓到有史以来的最低点，领土被分割，人口逐渐减少，欧洲方面受到斯拉夫和保加利亚人的劫掠，亚洲方面受到阿拉伯伊斯兰教徒的蹂躏，而内部为争权夺利叛变四起。征服拜占庭首都君士坦丁堡成为伊斯兰教徒的最后目标。

在战争中，"希腊火"被用来对付阿拉伯的战舰。这种"希腊火"实际上是由硫黄、硝石和粗汽油等组成的液体燃烧剂，被拜占庭人广泛运用于海战和陆战中，在海战中使用更安全。

次年春季，阿拉伯人又派 400 艘战舰从埃及的亚历山大港出发，偷渡博斯普鲁斯海峡，并封锁了博斯普鲁斯水道。君士坦丁堡处在阿拉伯人的包围之中，城内发生了饥荒。利奥束手无策，开始做投降的准备。这时阿拉伯军中的埃及基督教徒叛逃到城中。利奥看到了希望，他立即命令舰队出海，直向敌军扑去，将大量的"希腊火"投掷到敌人的舰船上。阿拉伯舰队被突然来袭的敌船打乱了阵脚，有的慌忙逃跑，有的被熊熊烈火烧死，损失惨重。利奥率领部下乘胜追击，一举击溃了阿拉伯海军。

海军的胜利，激起了利奥及拜占庭部队的战斗欲。他利用外交手段使保加利亚出兵，对阿拉伯陆军进行夹击，在亚得里亚堡以南痛击马斯拉马陆军，杀死阿军 2.2 万余人。

公元 718 年 8 月 15 日，阿拉伯被迫撤围。回归途中又遇风暴，2560 艘舰船最终只剩下 5 艘。20 万大军剩下不到 3 万人。

君士坦丁堡会战之后，拜占庭开始向小亚细亚和叙利亚展开全面进攻，整个战局发生了根本转折，拜占庭进入战略进攻，而阿拉伯则转为战略防御。公元 8 世纪后半期，拜占庭在小亚细亚屡获胜利，把阿拉伯人赶到小亚细亚东部，重振了"帝国"的声威。公元 750 年，拜占庭与阿拉伯争夺的重点主要在小亚细亚和上美索不达米亚、黑海沿岸及地中海东部和意大利等地，虽然战事连绵不断，但规模不大。

双方策略战术

阿拉伯人利用了正确的封锁战术，却因叛徒的出卖而功亏一篑；利奥利用有利地势坚守，运用新制武器"希腊火"，采用出奇制胜和外交战术一举解围。

重要意义

利奥的胜利不仅拯救了拜占庭帝国，也拯救了西方的基督教，保证了西欧文明的顺利发展。

身着罗马"战裙"、护心，头戴铁盔的拜占庭士兵，长矛在握，随时准备战斗。

查理大帝的征战

——为欧洲中世纪奠基

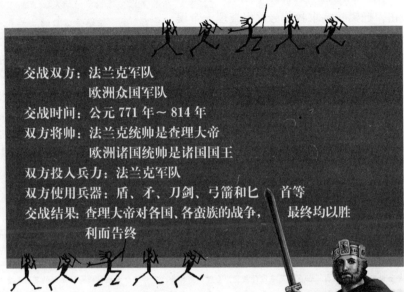

交战双方：法兰克军队
　　　　　欧洲众国军队

交战时间：公元 771 年～814 年

双方将帅：法兰克统帅是查理大帝
　　　　　欧洲诸国统帅是诸国国王

双方投入兵力：法兰克军队

双方使用兵器：盾、矛、刀剑、弓箭和匕　首等

交战结果：查理大帝对各国、各蛮族的战争，　　最终均以胜
　　　　　利而告终

历史回顾

　　查理大帝掌权后，他为使自己伟大的战略思想能顺利实现，对军队做了改革。根据各蛮族桀骜不驯的特点，他在每个地区都系统地建立了据点要塞，训练了一支装甲骑兵和一支配备精良的步兵，另外，还组建了两支独立的纵队：攻城纵队和补给纵队。一切准备就绪，查理大帝开始了他的征服之战。

　　阿拉伯人进攻西欧被法兰克人阻止后，他们中的一支撒拉森人从北非进入西班牙，并在那里建立了

查理大帝

公元 768 年加洛林王朝国王丕平死后，其子查理与弟卡罗曼共同治理国家。公元 771 年卡罗曼死后，查理成为法兰克唯一的国王。查理发动多次战争，疆域扩大到西临大西洋，东到易北河和多瑙河，北达北海，南至意大利中部。

哥尔多氏王国，对欧洲产生了巨大的威胁。公元778年，查理大帝率领大军远征西班牙。他们越过比利牛斯山脉，向撒拉森人发起猛攻，精良的装备和勇猛的冲杀，使撒拉森人组织不起有效的进攻，被迫退到比利牛斯山以南地区，并在查理大帝撤军的途中设下埋伏。

2000余名法兰克士兵在撤军途中，突遭伏军的袭击，赶紧吹响求救信号，但查理大帝误认为是海啸，没有在意。得不到支援的法兰克士兵只好与敌人死拼，2000余名士兵全部阵亡。后赶来救援的军队一鼓作气，将埋伏的撒拉森人消灭。

日耳曼族的一支撒克逊人，凶悍善战，常常入侵周边国家。他们大都生活在德意志西北部森林里，对敌人多采取游击战，胜则烧杀抢掠，败则退居深山丛林。

查理大帝征服了撒拉森人后，决定出击撒克逊人。查理大帝派人对撒克逊人的出没规律做了详细地观察后，派一支精兵将撒克逊人诱出深山丛林，并命令主力部队迅速封锁撒克逊人的退路。然后，他集中优

历史背景

4世纪末，欧洲进入又一个动荡年代，各蛮族部落纷纷侵入衰落的罗马帝国。日耳曼的一支蛮族法兰克人也趁机闯入罗马，盘踞在高卢，不久他们便控制了大部分的高卢地区，建立了法兰克王国，巩固了他们在高卢的根基。751年，信奉基督教的法兰克人在教皇的帮助下，废黜了墨洛温王朝皇帝，颇具雄心的宫相"矮子"丕平当上了皇帝，建立加洛林王朝。771年，具有伟大战略思想的查理成为法兰克王国的统治者，他就是查理大帝。为了使所有西方民族都包罗在一个巨大的基督教大帝国之内，查理大帝开始了他的征战。

公元800年圣诞日，教皇立奥三世在罗马圣彼得教堂为查理加冕称帝，宣称这个蛮族首领为"伟大的罗马人皇帝"，标志着西欧基督教化即罗马和日耳曼的融化基本完成。有人认为查理大帝的加冕标志着神圣罗马帝国的开端，然而大多数人还是认为那时的帝国应该叫作法兰克帝国。

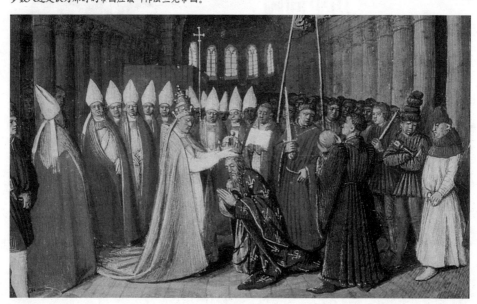

势兵力向撒克逊人发起了进攻。撒克逊人招架不住，只好向山里转移，早已埋伏在山上的法兰克人突然冲出使撒克逊人腹背受敌。查理大帝经过三年苦战，终于打败了撒克逊人，撒克逊皇帝维蒂金逃到国外。

查理大帝崇尚武力，有关他的传说甚多，他是欧洲中世纪最具代表性的人物，在其统治期间，创建起封建制度的新罗马帝国。8世纪他曾向南征服伦巴德武士，向北打败了撒克逊人。

一年后，维蒂金渡河回到本土，重新组织军队，进犯法兰克，并且屡战屡胜。查理大帝为了彻底消灭撒克逊人，调集全部兵力，向德意志的西北部进军，并且很快就将撒克逊人击溃。但是维蒂金又趁机逃到国外，盛怒的查理大帝把俘虏的4500余撒克逊人集体屠杀。

公元782年，维蒂金又卷土重来。查理对其进行了多次围剿，但始终不能彻底消灭撒克逊人。经过33年18次之多的反复较量，撒克逊人倔强不屈的性格使查理终于认识到要改变策略。他开始实行安抚策略，使他们融入法兰克人中，使其改信基督教。撒克逊人最终还是被征服成了法兰克的臣民。

查理大帝在位46年中，进行了53次重要战争，其中有30次亲征。他相继征服了不列颠人，把东方的文德人远远赶出境外，使强悍的阿瓦尔人俯首称臣，将匈奴的行宫夷为平地，最后，建立了一个继罗马帝国之后欧洲最强大的帝国。

双方的策略战术

查理大帝在他伟大的战略思想指导下，施行强兵加安抚策略，使征服对象逐渐统一到帝国之内。

重要意义

查理大帝的征战不仅改变了西欧的混乱局面，而且彻底解除了周边民族的威胁，使西欧自罗马以后第一次统一在一个较安定的政教一体的帝国之内。这对日后欧洲历史进程和文化振兴都产生了十分深远的影响。

北欧海盗的掠夺

——恐怖的帆船舰队

交战双方：维京人海盗舰队和西欧沿海诸国军队

交战时间：公元 8 世纪～ 10 世纪

双方将帅：维京人海盗统帅是罗洛

西欧沿海诸国统帅为诸国国王

双方使用兵器：矛、盾、弓箭、刀、剑等

交战结果：维京人海盗在沿海各国掠夺，所向披靡，屡屡得手

历史回顾

欧洲的混乱，给了维京人发展的大好机会，本就贪财、具有征服欲望的他们趁机四处抢劫、侵掠、征伐，驾驶海船纵横南北，几乎袭击了整个西方世界。到 8 世纪末，维京人已从一群海盗变成了征服者和开拓者。

维京人以西欧、不列颠群岛、俄国为主要目标，先后建立战略据点，进而袭扰内地。公元 787 年，海盗们从多塞特海岸迅速登陆，开始了对英国洗掠。满载而归的海盗尝到了甜头，公元 793 年 6 月，他们又以迅雷不及掩耳之势洗劫了英国沿海的村落和修道院。人们的恐慌助长了海盗的嚣张气焰，他们的洗劫从英国开始蔓延到苏格兰、爱尔兰、葡萄牙、德国、意大利、俄罗斯、君士坦丁堡，直至法国巴黎。

公元 885 年 11 月，维京人率领 700 艘耸立着高高的桅杆、上挂红色船帆的战舰沿塞纳河直驱巴黎。当时，法国为征服意大利，主力军队都调集

公元 885 年维京人攻打巴黎时，城里的守兵大部分战死沙场，而且城里还流行瘟疫，图为奥多伯爵冒着生命危险越过城墙，穿过丹麦人的防线，去寻找查理大帝的救援。

到意大利，巴黎只有 200 余名骑兵和少许步兵守卫。闻听海盗来袭，巴黎将士连忙加强警备，发动城里市民加固防御工事。当晚，3 万名维京人和以往一样开始了他们的侵袭行动。他们并不把仅有 200 余名士兵防守的巴黎放在眼里，刚到城下，弓箭、石块等投掷物像暴雨一样落了下来，维京人伤亡惨重。他们做过几次强攻，均被英勇顽强的巴黎城军民击退。维京人久攻不下，不得不采取包围战术。在城外挖壕堑，一面封锁巴黎的对外联系，切断城内供给，一面继续在城郊大肆掠夺、屠杀。巴黎城军民团结一致，以死相拼，誓不投降，坚持了一年。公元 886 年 2 月，河水上涨使巴黎城南边的桥被冲断，维京人抽调部分参与围困的士兵，沿塞纳河和卢瓦尔河之间长驱直入。巴黎已陷入了绝境。为求救兵，奥多伯爵亲自在海盗疏于防范时翻越城墙，翻山涉水，将巴黎的困境汇报给查理国王。查理急忙回师解巴黎之围，双方展开激烈的战斗。双方激战多时不分胜负，只好各自收兵。几次交锋，查理仍然无法彻底击败维京人，为解巴黎之围，无奈之下查理出黄金 7000 磅让维京人离开。离开巴黎的维京人却沿塞纳河而上，洗劫了勃艮第。

历史背景

公元 814 年，查理大帝去世，就其帝国亦随之瓦解，欧洲又陷入一片混乱。这时，维京人逐渐发展起来。早在公元前 60 年，维京人就居住在斯堪的纳维亚半岛上，由瑞典人、挪威人和丹麦人组成，他们说同一种语言，信奉同样的神，他们的足迹遍及斯堪的纳维亚。8 世纪前，维京人还是没有边界的国家，他们贪财、喜欢冒险，是一个勇猛的民族，有非常强烈的征服欲。

对英国和法国的侵入，开始只是抢劫财物，接着变成了移民，最后还成全了他们的征服欲。公元896年，以罗洛为首的维京人再次进攻法国。昏庸无道的法国国王无力阻止海盗的进攻，于是把诺曼底奉送给海盗，以求不再受到侵扰。公元911年，维京人搬迁至法国的诺曼底定居，建立了诺曼底公国。9世纪末，劫掠英国的维京人也在伦敦和剑桥定居，并不断侵扰英国，最终丹麦国王斯汶征服了英国，成为岛的主人。后来，诺曼底大公渡过海峡，成了英国国王。

9世纪末，向东欧掠夺的瑞典人奥莱格来到斯拉夫人的部落，并逐渐统治了全国。奥莱格继续扩大统治范围，一举统一了俄罗斯的南部和北部，建立新俄罗斯，基辅成为它的首都。公元988年，拜占庭国王拜访俄罗斯，实现两国联姻，使东正教传播到俄罗斯。

双方战略战术

凶悍、敢于冒险的维京人凭借数百年的航海经验和精湛的造船技术，加上强烈的征服欲望，从掠夺财物到移民，再到最后顺利地征服所到之处。

重要意义

维京人的入侵和掠夺给欧洲许多民族和地区带来严重的灾难，但他们对历史与文明的发展有着重大影响。他们也可能是最早踏上美洲大陆的人。

维京人扩张图

斯堪的纳维亚四面环海，非常方便进入大陆，这样的地理条件对维京人远征十分有利。从维京人远征的路线可以看出，他们贪求过格陵陵的动物皮和羊毛制品、冰岛的鱼和油脂、英国的蜂蜜、俄国的农奴……

诺曼底与英国之战

——诺曼底征服

交战双方：英国军队和诺曼底军队

交战时间：1066 年 10 月 14 日

双方将帅：英国军队统帅为哈罗德
　　　　　诺曼底军队统帅为威廉

双方投入兵力：英国军队约 6000 余人
　　　　　　　诺曼底军队约 6000 余人

双方使用兵器：英军以矛、双刃剑、标枪、战斧为主
　　　　　　　诺曼底军以长枪、刀剑、槌矛、弓弩为主

交战结果：诺曼底征服了英国

历史回顾

　　为了夺回王位，威廉以讨伐背信弃义的篡位者为名在欧洲各国进行游说，得到了教皇、罗马帝国皇帝和丹麦国王的支持。教皇还赐给他一面神圣的"圣旗"。不久，威廉便组织了一支 6000 余人的军队。其中有 2000 余名骑兵、3000 余名步兵和 450 艘战舰。整个部队集结在索姆河口的圣瓦莱里，只等风向转南即可出发。

　　1066 年 9 月 27 日，威廉下令横渡英吉利海峡，向英国挺进。而这时，英国国王哈罗德正在约克庆祝胜利。原来，当威廉正积极准备攻打英国的时候，挪威国王哈拉尔和托斯蒂格联合在一起，

诺曼武士

入侵英格兰北部。托斯蒂格想趁英国哈罗德继位不久要求王位的继承权，而哈拉尔却想趁火打劫。他们一路烧杀抢掠，向约克前进。哈罗德听到哈拉尔入侵的消息后立即率兵救援约克。经过一场苦战，敌军全部被歼，哈拉尔和托斯蒂格也被杀。

9月28日，威廉顺利渡过海峡并在佩文西登陆，威廉在哈斯丁建立了营地，并开始向四周洗劫，用来补给。10月1日，哈罗德闻讯后赶紧率领亲兵返回伦敦，11月13日夜，哈罗德率领调集各地的6000余人兵力，到达了巴特尔，并占据了附近的一个高地。威廉军队也向这边前进。14日，双方会战开始，哈罗德在山冈的顶部指挥，两侧是他的亲兵，山脊的两翼则主要为民兵。为防止骑兵的冲击，哈罗德将士兵组成一个"防盾的墙壁"。两翼又有险陡的洼地防止敌人迂回两侧攻击，这使哈罗德军队能有效地维持阵形。威廉将部队排成左中右三部分，每一部分又有三个梯队，前面为弓弩兵，中间是重装备步兵，后面为骑兵，而队伍的正前方，打出了教皇赐的"圣旗"。

威廉军队开始缓缓向山坡进攻，直扑英军的盾墙。两军接近时，威廉军前面的弓弩手开始进攻，但是由于地势处下风，并没有给对方造成太多的伤亡。而英勇的英军向威廉军投掷长矛、标枪和石块，犹如疾雨，却对威廉军造成极大的威胁，造成了严重伤亡。威廉军左路兵向山坡进攻，突然敌人从上而下猛攻下来，左路军队随之溃逃，

对中路军兵的士气造成了很大影响。威廉重新排好阵形，让骑兵分成小队，试图攻破"盾墙"，但英军的步兵手持战斧，打得诺曼骑兵纷纷落马，败阵而逃。

威廉见无法攻破盾墙，急中生智，决定佯退，以引诱敌人离开山坡。他先让步兵撤回安全地带，再让骑马引诱敌人。原本占上风的哈罗德见敌人伤亡惨重，开始全线撤退，认为这是消灭威廉的大好机会。于是，哈罗德命军队全线压上，向前迅速追击。威廉继续后退，从谷底退向山坡，步兵却向两侧转移。等到占据居高临下的有利地势后，威廉立即下令进行反攻。这时，英军的盾墙因为移动而漏洞百出。诺曼人一鼓作气杀入敌军。哈罗德猝

不及防，被砍死。失去主帅的英军溃不成军，威廉最终赢得了哈斯丁会战的胜利。

接着，威廉大军直逼伦敦，势不可挡。伦敦早已做好投降的准备，威廉如愿以偿地登上了英国的王位。

双方策略战术

威廉在战争中能够扬长避短，善抓时机，诱敌出击；在战斗过程中采用突然袭击、出奇制胜的战术，最后取得胜利。而哈罗德不能充分利用优势，贻误战机，导致兵败身亡。

重要意义

诺曼征服战后，封建制度移植到英国，建立了统一的中央集权政府。从此开始了英国历史上的诺曼底王朝。

哈斯丁战役 地毯画

威廉一世在这场战役中实现了"诺曼征服"，建立了诺曼王朝。诺曼骑士使用的主要武器是长矛和剑，也有一些使用战斧、铁锤、铁棍、狼牙锤等等。骑士的长矛在战场上可抛出刺杀敌人，诺曼骑士正是用这种方式打乱了英国军队城墙似的盾牌阵容。

曼希克特之战

——通往小亚细亚之战

交战双方：拜占庭军队
土耳其军队

交战时间：1071 年 8 月 19 日

双方统帅：拜占庭统帅为罗曼努斯
土耳其统帅为艾勒卜

双方投入兵力：拜占庭军队 4 万余人
土耳其军队约 4 万余人

双方使用兵器：弓、枪、剑、斧、盾
和矛等

交战结果：拜占庭军队惨败

历史回顾

　　逐渐衰颓的拜占庭帝国皇帝换了一个又一个，政治上处于混乱状态，贵族们挥霍无度。1068 年，罗曼努斯登上皇位，他清楚知道塞尔柱人的野心，于是他集结各联邦部队，希望能够顺利将土耳其人消灭。

塞尔柱人从孩童时就开始学习怎样骑马，非正规骑兵没有铠甲的累赘，其优势在于能以高度机动性战胜敌方的步兵和骑兵。

几个世纪以来，拜占庭帝国和伊斯兰帝国之间，经常发生战争。8世纪，伊斯兰帝国开始走向衰落，但塞尔柱人的崛起使伊斯兰教的精神复活，拜占庭帝国的东方边疆再度遭到威胁。凶猛的塞尔柱人越过奥萨斯河，进入呼罗珊后继续向西进发先后攻占伊拉克、克曼沙、哈马当和阿塞拜疆等地。1049年到达亚美尼亚，进到凡湖以西的阿德曾，并将该城夷为平地。塞尔柱人的大肆洗劫，使拜占庭遭到极大的威胁。

土耳其人苏丹艾勒卜深知，与拜占庭的精兵进行会战，很难获得胜利。当罗曼努斯调集军队进攻时，艾勒卜却分散逃跑，不时寻找时机突袭他们，这样在小亚细亚、亚美尼亚、中东波斯等地东奔西跑一年的时间，罗曼努斯并不能有效地拦截他们，于是于1069年空手回到君士坦丁堡。不久，他又第二次出兵，但军内的法兰克佣兵叛变。不得不先平息叛变，但进攻土耳其的战事中途停止。罗曼努斯回到希巴斯提，向南准备在赫拉克利亚截击敌人，最终还是让苏丹突破重围而逃走。

当东方受到土耳其塞尔柱人的侵袭时，西方的诺曼人正攻击意大利的阿普利亚。罗曼努斯亲自赶往支援。这时，苏丹艾勒卜趁机带兵杀出，使留守东方的拜占庭军猝不及防，惨败而退，他们一举攻占曼希克特城。

曼希克特城的陷落，使罗曼努斯大感愤怒。1071年，他集中大军挺进曼希克特城。兵分两路，一路以攻取基拉特为目标，另一路以攻取曼希克特为目标。苏丹听到消息后与曼希克特的守兵会合，率领约4万余人向霍伊进军。这时罗曼努斯仍不知苏丹主力就在附近，而是先派一支前卫向基拉特前进。突如其来的庞大苏丹军使前卫军溃不成军，这才使罗曼努斯意识到局势的严重。由于兵力的过于分散而不能一时会合，兵力较弱的罗曼努斯并不害怕。苏丹不愿与拜占庭军会战，要求和谈，但遭到拒绝，会战遂不可避免。

1071年8月19日，罗曼努斯将部队按左中右排成战斗序列，中央由他亲自指挥，后方组成一条强大的预备战线。土耳其的战斗队伍却无组织可言，他们主要是骑兵的弓弩手。为激励士兵，苏丹将调度权交给爱将塔劳格，自己只携带剑和锤矛充当一名士兵。

激战开始了，土耳其弓弩手向敌人发箭如雨，凶猛地向敌人冲杀。拜占庭军队虽然比土耳其军队精良，但大都是组织起来的杂牌军，他们并没有很高的斗志。看到土耳其人的攻势，相当数量的人开始逃跑，两翼的士兵溃不成军。而中央兵团虽遭到箭雨的攻击，仍发动攻势。遭受不少损失，罗曼努斯只好发动中央的重步兵前进，密集的盾墙使苏丹骑兵束手无策，只好节节撤退。

天黑了，激战一天的全军将士又渴又饿，疲惫不堪，罗曼努斯下令向曼希克特撤军。但擅长游击战争的土耳其人突然反冲过来，罗曼努斯只好被迫下令转身迎击敌人。受到冲击的范围并不大，但是，当后排的士兵转身与敌人苦战时，一些将士

此图展现了曼希克特一战具有决定性的一幕，拜占庭统帅罗曼鲁斯正率军撤离，到这时整场战斗已经持续了数个小时。最终拜占庭全军覆没，负了伤的罗曼鲁斯被俘，一夜之间拜占庭帝国在亚洲的疆土全部落入土耳其之手。

拒绝服从命令而向营地退却。苏丹乘机命令士兵从两翼绕过正面敌人，从后方攻击溃逃士兵，之后，转身夹击罗曼努斯中央部队。中央部队没有两侧的掩护，背后也暴露出来，成为一支四面挨打的孤军。罗曼努斯极其勇敢，带领中央部队，身先士卒，以身作则，英勇苦撑，战马被杀，自己也负重伤，遂被苏丹俘虏。

土耳其苏丹利用这一有利机会与罗曼努斯签订和平协议：偿付土耳其150万拜占庭金币，每年还要偿付36万拜占庭金币，长达50年。罗曼努斯被释放。

11世纪期间，尽管拜占庭帝国的国内条件和行政管理状况逐步恶化，但是，在曼希克特战役之前，它的军队始终没有削弱。曼希克特战役惨败后，拜占庭国内战乱四起，不久又丧失了作为军队（特别是骑兵）主要来源的安纳托利亚地区，从此，拜占庭帝国一蹶不振，再无复兴之日。

双方策略战术

塞尔柱人的胜利归功于他们善于利用自己的优势，采用游击战术，出其不意，灵活多变使敌措手不及。

拜占庭帝国失败的原因是多方面的。首先，罗曼鲁斯的军队对这次战役没有充分的准备。其次，他坚持在开阔而又起伏不平的乡村地形上用重骑兵袭击土耳其行动敏捷的弓箭骑兵，而侧翼和背后又得不到充分的掩护。最后，预备队又偷偷撤退，使部队主力的后背失去了掩护，从而使拜占庭军队的形势更加恶化了。

重要意义

曼希克特之战使拜占庭不仅失去了大片土地，更失去了其最佳兵力的来源，小亚细亚的大门被打开。

土耳其的胜利大军

十字军东侵

——宗教旗帜掩护下的掠夺

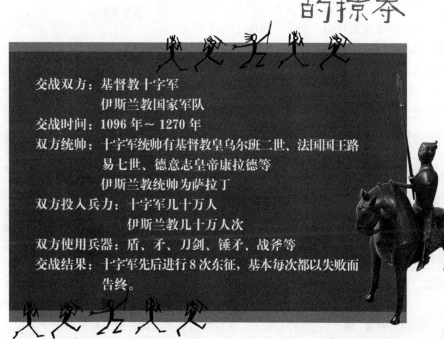

交战双方： 基督教十字军
伊斯兰教国家军队

交战时间： 1096 年 ~ 1270 年

双方统帅： 十字军统帅有基督教皇乌尔班二世、法国国王路
易七世、德意志皇帝康拉德等
伊斯兰教统帅为萨拉丁

双方投入兵力： 十字军几十万人
伊斯兰教几十万人次

双方使用兵器： 盾、矛、刀剑、锤矛、战斧等

交战结果： 十字军先后进行 8 次东征，基本每次都以失败而
告终。

历史回顾

1095 年 11 月 27 日，基督教皇乌尔班二世召开宗教大会，他煽动与会信徒从异教徒手中夺回圣城耶路撒冷。在他的游说下，各国民众为了梦想，积极响应，很快成立"十字军"。没有供给，没经训练的十字军于 1096 年开始向小亚细亚进军。他们沿途烧杀抢掠，以获供给，但很快被装备精良的土耳其人消灭。接着，由法国、德意志的骑兵组成的 4 万十字军，再次入侵小亚细亚。十字军一路势如破竹，1099 年攻入耶路撒冷，并建立了耶路撒冷王国。

伊斯兰教徒当时内部斗争非常激烈，直到 1127 年有所好转后，摩苏尔总督开始向叙利亚扩张，并征服了艾德沙。艾德沙的陷落使西欧各国心有不安，于是德意志国王康拉德和法兰西的路易七世率领十字军挺进叙利亚。得到情报的土耳其人在途中进行偷袭，致使十字军溃败。两国残部会合后围攻大马士革。伊斯兰教徒利用离间计瓦解了十字军的围攻，还趁势攻占了安提阿和艾德沙剩余地区。

与此同时，埃及苏丹萨拉丁也攻克了许多国家，领土不断扩大。1186年，一支从开罗到大马士革的穆斯林商人遭到基督教徒的袭击。萨拉丁立即向十字军发起攻击，在哈丁包围了十字军，并一举攻占了耶路撒冷。温和的萨拉丁入城后并没有乱抢滥杀，而是解放了基督教徒和奴隶。

耶路撒冷又被攻破的消息传到西欧，基督教世界震惊了。狂热的教徒们对伊斯兰教徒义愤填膺，纷纷要求立刻发兵夺回圣城。"神圣的罗马帝国"皇帝红胡子腓特烈一世、法国国王腓力二世和英国国王狮心王查理一世全部率军参战，他们组成的十字军分水陆两路向叙利亚进发。腓特烈从陆地出发，但在横渡萨勒夫河时不慎被淹死，军无首而散，纷纷回国。查理从海上进军，一路攻克阿克城等多处地区。法国国王却因领土争执

历史背景

　　8世纪，已有的财富不能满足西欧封建主日益增长的贪婪欲望，他们热衷于在战争中攫取土地和财富，从而扩充自己的政治经济实力。另外，许多受压迫的农民、奴隶也都幻想着能通过远征摆脱日益繁重的封建剥削与压迫。出于不同的目的，他们把富裕的东方作为掠夺财富和土地的共同目标。罗马教廷是这次侵略战争的鼓动者与策划者，教皇意欲借此扩大天主教的势力和财源并控制东正教。到了11世纪，阿拉伯帝国已经分裂为若干小国，相互混战，拜占庭帝国日益衰微，帝国皇帝阿历克塞一世（科穆宁的）屡屡向西方诸国乃至教皇求援，这也为十字军（侵略军的服装上缝有红十字作标记，故称十字军）东侵制造了可乘之机。

而撤，只剩查理一世孤军深入，虽攻至耶路撒冷城下，但无力破城，遂与萨拉丁议和。

连续进攻的失败，并没有消除欧洲骑士们夺回耶路撒冷的梦想，更没有消除他们对财富、领土的欲望。1202年，基督教教皇英诺森三世发起第四次十字军东征。原计划十字军从威尼斯乘船进攻埃及，但在威尼斯商人的怂恿利诱下，十字军的矛头指向了同一宗教的两个国家，先收札拉城，后攻拜占庭。1204年4月13日，

十字军攻陷君士坦丁堡，十字军侵略掠夺的本质撕下了它"神圣"的面纱。他们在拜占庭的领土建立了拉丁帝国，1261年被迈克尔八世灭掉，恢复了拜占庭帝国。

在战争中，萨拉丁的军队使用了比十字军更巧妙的联络方法，他让相互接替的送信者骑着马在各战略要地之间奔驰，使距离遥远的各支军队指挥和行省长官们之间保持联系。

西欧各国从拜占庭掠得大量赃物，更激发了十字军的贪欲。1218年，奥地利公爵利奥波六世和匈牙利国王安德烈二世组率十字军向埃及进发。他们攻占了达米埃塔。但尼罗河正处于泛滥，十字军被迫撤军。

随后，"神圣罗马帝国"皇帝腓特烈二世和法国国王路易九世先后进攻埃及，虽然腓特烈于1229年攻占了耶路撒冷，但1244年又被穆斯林夺回。1270年，路易九世发动了对突尼斯的入侵，最终也以失败而告终。

双方策略战术

十字军虽然以拯救圣地圣城为理由，但是，由于社会成份繁杂，骑兵协同性较差，军队内部不团结，所以，最终还是以失败告终。

伊斯兰教徒采用游击战术，突然袭击，以奇制胜。

重要意义

十字军东征给东西方人民带来了灾难，破坏了当地的生产和文化，但也促进了东西方的交流，促进了欧洲生活方式的变革和商业的发展。

攻占耶路撒冷后十字军欣喜若狂

十字军在攻陷耶路撒冷后，便开始了抢劫与屠杀，以此来欢庆收复圣地。一位在场者这样写道："你如当时置身现场，就会亲眼看到我们的脚踝都被死者的血污染红，但是我还要指明的是什么呢？那就是没有一人幸存，即使妇孺也不能幸免。而后，僧俗人等一律都前往圣墓与圣庙大唱九度音程颂歌，谦敬地做着祈祷，对他们向往已久的圣地进行朝拜与捐献。"

蒙古西征

——轻骑兵扬威

交战双方：蒙古军队
　　　　　亚欧各国军队

交战时间：1217 年～1258 年

双方将帅：蒙古统帅有铁木真、窝阔台

　　　　　亚欧诸国统帅为诸国国王

双　　　　方投入兵力：蒙古军队共计 20 万人次

　　　　　　　　　　　亚欧诸国军队合计百万余人

双方使用兵器：蒙古军以弓箭、马刀、长矛、

狼牙棒、投石机、火箭等为主

　　　　　　　亚欧诸国以弓箭、矛、盾、刀、

剑、锤矛、战斧等为主

交战结果：蒙古军在亚欧大陆可谓

所向无敌

成吉思汗像

历史回顾

1219 年，为了剿灭乃蛮部的残余势力，征服西域强国花剌子模，成吉思汗带着四个儿子术赤、察合台、窝阔台、拖雷，以及大将速不台、哲别开始了西征。蒙古 20 万大军长驱直入，在额尔齐思河流域分进合击，先后攻占布哈拉、花剌子模新都撒马尔罕、讹答剌与毡的城。花剌子模国王摩诃末西逃，成吉思汗令速不台、哲别等穷追不舍。后来，摩诃末病死在里海的一个小岛上，他的儿子札阑丁在呼罗珊一带继续抵抗。为了剿灭札阑丁，1221 年，成吉思汗大军渡过阿

历史背景

公元 1206 年，蒙古各部落首领在斡难河（今鄂嫩河）畔召开大会，推举铁木真为大汗，尊称成吉思汗，建立了蒙古国家。蒙古国建立后，以成吉思汗为首的蒙古贵族不断发动掠夺战争，用兵的主要方向是南下与西征，南下攻击的主要目标是南宋和金朝，西征则是征服中亚东欧各国。

姆河，占领塔里寒城。他以塔里寒城为根据地，分派出两路大军，分别进攻呼罗珊、乌尔根奇。拖雷率兵进攻呼罗珊，相继攻陷你沙不儿、也里城、察合台与窝阔台攻陷乌尔根奇。两路大军完成任务后，都回到塔里寒城与成吉思汗会师。然后，各路大军在成吉思汗的率领下，继续追击札阑丁，在印度河击败其余众。札阑丁孤身一人逃跑，花剌子模灭亡。1223年，蒙古大军在西追札阑丁的同时，还深入俄罗斯，在迦勒迦河与钦察和俄罗斯的联军展开决战，大败敌军，俄罗斯诸王公几乎全部被杀。1225年，成吉思汗凯旋东归，将本土及新征服所得的西域土地分封给四个儿子，后来发展为四大汗国。

1227年，成吉思汗去世，成吉思汗的第三子窝阔台继任大汗。1234年，太宗窝阔台集结诸王大臣召开会议，商讨西征大事。窝阔台派兵分别攻打波斯（今伊朗）和钦察、不里阿耳等部，基本上征服了波斯全境。1235年，由于进攻钦察的军队受

演练中的蒙古骑兵

在战术的运用上，蒙古人特别强调的就是部队的机动性，以远距离的包抄迂回、分进合击为主要战术特征。蒙古骑兵很少有重装甲，他们既能用马刀、长枪，也可以使用弓箭。骑兵存在的主要目的是为了增强军队的机动能力和正面的冲击力，以便在很大范围内作战。

阻，窝阔台派遣其兄术赤之次子拔都，率50万大军增援。西征军一路势如破竹，很快就彻底消灭了花剌子模，杀死札阑丁。1237年底，拔都又率大军，继续西进，大举进攻俄罗斯，相继攻陷莫斯科、基辅诸城。1240年，拔都分兵数路继续向欧洲腹地挺进，大举进攻孛烈儿（今波兰）、马扎尔（今匈牙利）。1241年，北路蒙军在波兰西南部的利格尼兹，大破波兰与日耳曼的联军；中路蒙军主力由拔都亲自率领，进击匈牙利，大获全胜，其前锋直指意大利的威尼斯。全欧震惊，西方各国惶惶不可终日，称为"黄祸"。1241年年底，窝阔台死驾崩的消息传到军中，拔都率军只好从巴尔干撤回到伏尔加河流域，以撒莱为都城，在伏尔加河畔建立了钦察汗国。

1251年，蒙哥即大汗位。1253年，蒙哥派弟弟旭烈兀率军发起了第三次西征。这

次西征的目标是消灭西南亚地区的木剌夷国（今里海南岸的伊朗北部）。10月，旭烈兀率兵侵入伊朗西部，进抵两河流域。1256年，旭烈兀统帅蒙古大军渡过阿姆河，6月到达木剌夷境内。1257年，蒙军荡平木剌夷之地，并挥师继续西进，直指黑衣大食首都巴格达。1257年冬，旭烈兀三路大军围攻巴格达，第二年初，三军合围，攻陷报达（今巴格达），屠杀80万人，消灭了有500年历史的黑衣大食。此后旭烈兀又率兵攻陷阿拉伯的圣地麦加，攻占大马士革，其前锋部队曾渡海到达收富浪（今地中海东部的塞浦路斯岛）。

由于蒙古军队被埃及军队打败，旭烈兀才被迫停止西进，留居帖必力思，建立了伊利汗国。

西征的战略战术

战略上采取由近及远、相继占领的策略，以蒙古大漠为中心，向外一步步扩张。

战术上注重学习汉人的军事技术，用汉人工匠制造大炮，提高了战术优势；西征时蒙古军还注意集中优势兵力，攻击敌人；剽悍的蒙古骑兵适合远距离作战，战斗力强。

而封建社会的欧亚各国则是分裂独立，如俄国当时分裂为许多小公国，相互争斗，不能一致对外，花剌子模虽是大国，但分兵守城，消极防御，不能集中兵力迎敌。

重要意义

蒙古西征改变了亚洲和大部分欧洲的政治生活特征。打开了中西交通，便利了东西商旅和文化交流；当时中国的四大发明因此辗转传入欧洲，对欧洲各方面的发展影响很大。

蒙古人的远距离机动达到了历史上空前未有的程度，他们常常可以上百里地大规模机动，使敌人很难预料和防范到他们的攻击。他们在战斗中通常使用的方法是，一小部分骑兵不停地骚扰敌军，受攻击后后撤，待追击的敌军队形散乱疲惫时，早已四面包抄的骑兵则在一阵密集的弓箭射击后蜂拥而来。

英法百年战争

——弓箭和战船的神威

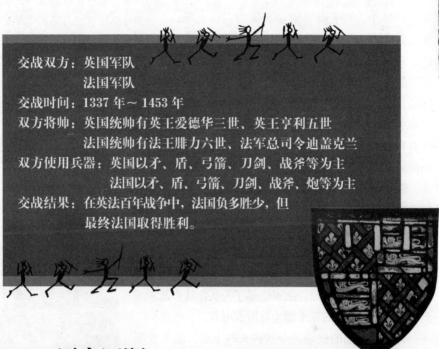

交战双方：英国军队
           法国军队

交战时间：1337 年 ~ 1453 年

双方将帅：英国统帅有英王爱德华三世、英王亨利五世
           法国统帅有法王腓力六世、法军总司令迪盖克兰

双方使用兵器：英国以矛、盾、弓箭、刀剑、战斧等为主
             法国以矛、盾、弓箭、刀剑、战斧、炮等为主

交战结果：在英法百年战争中，法国负多胜少，但
           最终法国取得胜利。

历史回顾

1337 年 11 月，英王爱德华三世率军入侵法国。对于岛国英国来讲，制海权是入侵法国成败的关键。1340 年 6 月，爱德华三

英王爱德华三世提出应由他继承法国王位，并且修改了皇室盾形纹章，把法国的鸢尾花与英国的狮子绘在一起。

世率领 250 艘战舰约 1.5 万人攻击斯吕斯海里的法国舰队。法国舰队接到消息后急忙出海迎战，拥有 380 艘战舰和 2.5 万人的法国舰队向英舰队压过来。爱德华三世不敢硬碰，为诱歼敌人，英舰队开始有条不紊地佯退。见敌船要逃，法舰队急速追击，阵形开始紊乱。英军舰队突然调转船头，向法军冲去。虽然数量处于劣势，但英国海军更擅长海战。他们弓箭齐发，投掷物向暴雨一样砸向敌船。英国的小船在法军舰船中来回穿梭，寻找时机破坏敌人船桨。法国舰船失去灵活性，企图逃跑，但未能逃脱英军的追击，几乎全军覆没。英国夺得了制海权，为陆上战争解除了后顾之忧。

11世纪威廉征服英国成为英国国王后，通过联姻和继承，在法国占有了广阔领地。12世纪以来，法国逐渐收回被英国占领的部分地区。法国力图把英国人从领土上驱逐出去，双方的矛盾越来越尖锐。富庶的佛兰德曾被法国夺回，但仍与英国保持密切的联系。对于佛兰德的争夺使双方矛盾升华。1328年，没有男嗣的法王查理四世去世，英王爱德华三世凭借自己是法王腓力四世外甥的身份要求法王继承权。这样围绕继承权的争夺演变成了一场百年战争。

　　1346年，丧失海军的法王腓力六世大怒，他将自己精锐的重装骑兵派到前线。当时的英国以步兵为主，没有与之相抗衡的骑兵。法王想让强硬的马蹄使英军粉身碎骨，号称6万余人的法国骑兵在克雷西与2万英军步兵相遇。爱德华三世命令部队放慢进攻速度，引诱敌人来攻。当两队尚有一定距离时，英军强弩手发出的箭雨齐向法国骑士飞去。原来，英军为对付身披铠甲的骑士，偷偷制造了一种秘密武器"大弓"，这种弓箭射程远，射速快，精确度高，能在较远处射穿骑士的铠甲。法军被箭雨打乱了阵脚，溃不成军。英国步兵抓住时机猛攻上去，与敌人展开白刃格斗。身着笨重铠甲的法军陷入了被动，很快被英军击败。英军控制了陆上进攻的主动权，一举占领了法国的门户诺曼底，不久又攻占了重要港口加莱。英国的弓箭让法军吃尽了苦头，从卢瓦尔河至比利牛斯山以南的领土都为英国人所有。

　　为抵抗英国的侵略，夺回丧失的土地，法王查理五世改编军队，整顿税制，还任命迪盖克兰担任总司令。迪盖克兰指挥法军避开英军的锋芒，采用消耗、突袭和游击战术，发挥新组建的步兵、野战炮兵、新舰队的威力，使英军节节败退，陷入困境。法国趁势夺回大片领土，并恢复了骑兵。

　　可是，法国内部矛盾日益加剧，贵族争权夺利，农民起义不断。刚登上英国王位的亨利五世乘机重燃战火，不久法国的半壁江山又沦入到英军手中。英军继续向南推进，开始围攻通往法国南方的门户要塞奥尔良。法国贵族却没有一个敢去解围。

　　农民出身的少女贞德经过一番波折，成为解救奥

尔良的统帅。她以神遣的救国天使名份手持一把剑和一面旗帜带领法军冲进英军营中。她身先士卒，把旗帜高高举起。贞德的勇气鼓舞着法军，他们顽强拼杀，一次次击败英军的进攻。为攻下英军最后一个堡垒，贞德高举旗帜第一个爬上云梯，但不幸被箭射中而掉落下来。但她顽强地站起来，又冲了上去。守城的士兵出城支援，一举击溃英军。被围困长达7个月之久的奥尔良城得救了，贞德成为法军的灵魂。战争开始向有利于法军的方向发展，1453年法军夺回了所有被攻占的地区，英国被迫投降。

双方策略战术

在战争中英军能够充分发挥自身的优势，采用特制大弓抑制敌人的优势，步步为营，才使得英军在大部分战役中占据优势；而法军采用突袭、游击战术，赢得了最终胜利。

重要意义

英法百年战争给法国人民带来深重灾难，但促进了法国民族的觉醒；使英国放弃了谋求大陆的企图，走向海洋扩张的道路。

"百年战争"中发生在斯鲁斯港口外的大规模海战

1340年的夏天，英法百年战争中第一场大规模海战在斯鲁斯港口打响了。在英军密不透风的箭雨下，法军惨败。这一战役使得英国暂时夺得了制海权，暂时控制了英吉利海峡。

帖木儿战奥斯曼帝国

——西亚鏖兵

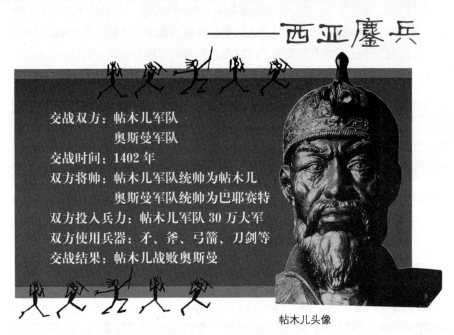

交战双方：帖木儿军队
　　　　　奥斯曼军队
交战时间：1402 年
双方将帅：帖木儿军队统帅为帖木儿
　　　　　奥斯曼军队统帅为巴耶赛特
双方投入兵力：帖木儿军队 30 万大军
双方使用兵器：矛、斧、弓箭、刀剑等
交战结果：帖木儿战败奥斯曼

帖木儿头像

历史回顾

　　1399 年，奥斯曼帝国苏丹巴耶赛特一世带兵在东南欧节节胜利，先攻下亚得里亚堡，又在科索沃大败巴尔干等诸国联军，还一举攻到拜占庭帝国的首都君士坦丁堡城下。拜占庭皇帝立即写信求助帖木儿的支援。帖木儿觉得这正是出兵的大好机会，于是他调集大军 30 万人，开始了对奥斯曼帝国的进攻。奥斯曼帝国国内不满苏丹统治的臣民和受它侵略的小亚细亚国家，纷纷倒戈，帖木儿的进军非常顺利。1400 年，帖木儿一举攻下了防御严密、易守难攻的锡瓦斯城，俘虏了巴耶赛特的儿子。

　　巴耶赛特听到消息后，极为愤怒，随即从君士坦丁堡撤军，改攻帖木儿大军。牧民出身的帖木儿这时正转战于西亚各国，他们擅长远距离作战，行踪更是飘忽不定，巴耶赛特扑了个空。1402 年，帖木儿开始大规模向小亚细亚地区进军。巴耶赛特在安哥拉列队相迎，以阻击帖木儿的入侵。巴耶赛特带领他的军队多年来几乎是所向披靡，差不多所有的欧洲国家听到他的盛名都感到恐惧和震慑。尤其是他的近卫军，都是从各地挑选的体力和智力非常优越的男童，从小就接受严格的训练，是一支盲目服从、意志刚毅、凶猛勇悍、视死如归的精锐部队。

　　两强相抗，双方僵持不下。巴耶赛特命令近卫军从中路冲出。这些身经百战的精兵，

历史背景

14世纪以来，奥斯曼帝国在欧洲扩张的道路上几乎是一帆风顺，它对欧洲形成巨大的威胁，欧洲各国对他感到恐惧，因此它也成了欧洲的最大敌人。这时期，信仰伊斯兰教的突厥人帖木儿带领族人逐渐发展起来，陆续征服了花剌子模、伊尔汗国、阿富汗及亚美尼亚等地的部落政权，并且北征俄罗斯，南伐印度，原来蒙古帝国所属的国家几乎全被帖木儿攻占。野心勃勃的帖木儿开始对西方欧洲产生兴趣，而横在通向西方道路中间的奥斯曼帝国就成了帖木儿势必要清除的绊脚石。

像狮子一样向敌人冲去。他们挥舞着手中的刀剑、战斧、长枪、长矛，在帖木儿军队中横冲直撞。帖木儿的军队开始混乱，但是经过调整，双方又进入僵持状态。

足智多谋的帖木儿知道只靠死打硬拼很难击退敌人。于是他利用自己军队擅长游击、远距离迂回包抄的特点，一面用优势兵力牵制敌军，一面派人截断敌人的水源，并令骑兵从两侧迂回。缺水的奥斯曼士兵，时间一长，干渴难耐，有的开起小差，军心一片慌乱。坚持战斗的近卫军渐渐地失去了侧翼的掩护和配合。帖木儿见敌人士气低落，立即命令迂回的骑兵发起总攻。帖木儿身先士卒，带兵冲入敌军。负责截断水源的部队从敌人后方也杀了过来。帖木儿军队从四面对巴耶赛特军队形成包围之势。

帖木儿军队从四面向中间围来，本已干渴缺水的奥斯曼军队很快溃败，只剩下顽强的巴耶赛特一世率领近卫军做最后的挣扎。巴耶赛特试图在近卫军的保护下冲出重围，但几次努力都失败了。最后终因寡不敌众，精力衰竭而被俘，后来在监狱中忧郁而亡。

双方策略战术

安哥拉之战，帖木儿灵活多变，抓住持久战敌人需要饮水的特点而断其水源，扰乱敌军军心，还采取迂回包抄、围攻合击的战术，一举击溃敌军。巴耶赛特人数处于劣势的情况下，骄傲轻敌，致使这次战役失败。

重要意义

安哥拉之战，使拜占庭帝国逃过一劫，整个欧洲对奥斯曼也松了口气；另一方面，奠定了庞大的帖木儿帝国的基础。

帖木儿指挥作战
14世纪末帖木儿在伊朗和中亚细亚建立起一个大帝国，版图自俄国南部至蒙古，南达印度北部、波斯和美索不达米亚。

格伦瓦尔德之战
——挫败条顿骑士团

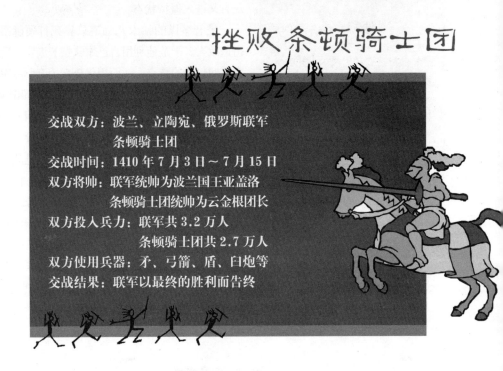

交战双方：波兰、立陶宛、俄罗斯联军
　　　　　条顿骑士团
交战时间：1410 年 7 月 3 日～ 7 月 15 日
双方将帅：联军统帅为波兰国王亚盖洛
　　　　　条顿骑士团统帅为云金根团长
双方投入兵力：联军共 3.2 万人
　　　　　　　条顿骑士团共 2.7 万人
双方使用兵器：矛、弓箭、盾、臼炮等
交战结果：联军以最终的胜利而告终

历史回顾

　　1410 年，波兰和立陶宛联盟，准备向占据波罗的海区域的条顿骑士团发起进攻，试图将其赶出这一地区，夺回出海口。当时，据守该地区的条顿骑士团兵力主要由德国、法国等国家的骑士和瑞士、意大利、英国等国家的雇佣兵组成。波、立联军的兵力不足以与之抗衡，于是他们就联合俄罗斯、瓦拉几亚、捷克、摩拉维亚、匈牙利和鞑靼等国，组成 91 个梭镖骑士队，共 3.2 万人。

　　7 月 3 日，各国军队在切尔温斯克地域集结完毕，在波兰国王弗瓦迪斯瓦夫二世亚盖洛的率领下向马林堡进发。

　　条顿骑兵团团长乌尔里希·冯·云金根得到联军进攻的消息后，欲在中途的格林瓦尔德地域阻截并歼灭联军。于是他率领主力 51 个旗共约 2.7 万条顿骑士部署在该地，以逸待劳。云金根选择一座前面是平坦的草原的高地驻军，居高临下，使自己占据有利地势。

　　7 月 14 日，联军到达格林瓦尔德地域，在卢本湖畔的森林里集结休整。这时前

格林瓦尔德会战，骑士团的大部分军队被歼灭，联军取得全胜。此后，条顿骑士团转向衰落。1454 年，波兰和条顿骑士团之间的战端再起。1462 年，在决定性的帕克会战中，条顿骑士团再次失败。1466 年，骑士团第三次败于波兰，被迫与波兰签订了托伦和约，东普鲁士在法律上附属于波兰王国，条顿骑士团成为波兰王国的藩属。

哨士兵发现据守高地的条顿骑士，亚盖洛下令做第二天进行会战的准备。

15 日，亚盖洛选择在背靠沼泽地和马尔沙河的地方分三线排成 2 公里长的正面队形。由立陶宛和俄罗斯士兵组成的 40 个梭镖骑士队在立陶宛大公维托夫特的率领下部署在右翼；由波兰、俄罗斯和捷克等国的士兵组成的 51 个梭镖骑士队在王家元帅兹比格涅夫的率领下部署在左翼。而背后的森林、沼泽地和马尔沙河给联军组成一道天然屏障，不易受到敌人的迂回包抄。

和联军相对应，条顿骑士团依托高地分二线排出 2.5 公里长的正面队形。利希滕施泰固率领 20 个旗的兵力部署在右翼，瓦伦罗德率领 15 个旗部署在左翼，第二线有 16 个旗作为预备队。双方的臼炮和弓箭手都排在阵地的前方。

骑士团的臼炮和弓箭手首先发起攻势，但并未给联军造成太大伤亡，联军开始向前压近。联军右翼的维托夫特命令一线向敌人左翼发起进攻。占据高地有利地势的骑士团居高临下，凶猛的火力迫使联军退缩，联军二、三线士兵的进攻也被骑士团阻击而退。瓦伦罗德乘胜向退败的联军右翼实施追击。冲下高地，骑士团的队形也随之变得混乱，出现空档。右翼联军的俄罗斯梭镖队顺势插入敌军，使骑士团左翼

历史背景

中世纪十字军东侵期间，十字军国家为巩固政权，建立骑士团作为常备武装力量。1198 年条顿骑士团建立。14 世纪末，条顿骑士团发展到鼎盛期，并将入侵之手伸向波罗的海和黑海地区，先后侵占了意大利、希腊、西班牙、法国和爱沙尼亚等国家。条顿骑士团在欧洲东北的属地堵塞了波兰、立陶宛和俄罗斯在波罗的海的出海口，这引起三国与条顿骑士团的矛盾日益恶化，发展到非武力不能解决的地步。

兵分两段，牵制了敌人的追击。同时，由波兰为主力的联军左翼和敌人右翼也展开了激烈的战斗。兹比格涅夫率兵切入敌人右翼，切断了其两部分的相互联系。溃败的联军见追兵数量较少，遂重新组织实施反攻，歼灭追兵。接着又与俄罗斯兵联合，对瓦伦罗德部队形成局部优势，一举将其击溃，转而增援左翼联军。联军左翼二线的俄罗斯、捷克、波兰棱镖骑士队遂投入战斗，与右翼联军形成对条顿骑士团右翼军队合围之势。见势不妙的云金根调集预备队增援，但被亚盖洛派出的三线军队歼灭。

在联军的包围下，条顿骑士团主力被歼灭，除团长云金根外的所有指挥官全部战死。格林瓦尔德会战以联军的胜利而结束。

双方策略战术

战争中，联军采用三线战斗队形，在地形处于劣势的情况下，灵活运用战术，切割敌人，集中优势歼敌；联军协同作战，合围包抄，挫败敌人。而条顿骑士团战术古板，机动性差，以致溃败。

条顿骑士团于1198年在巴勒斯坦建立，主要由德意志骑士组成。14世纪末至15世纪初，是条顿骑士团的鼎盛时期。但格伦瓦尔德会战后，骑士团的大部分军队被歼灭，总团长云金根以下所有指挥官全部战死。此后，条顿骑士团转向衰落。

重大意义

这次战役，使条顿骑士团遭到重创，阻止了其进一步东侵的步伐，也使条顿骑士团从鼎盛走向衰落。

胡司战争

——宗教性农民战争

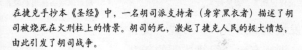

交战双方：捷克农民起义军
　　　　教皇组织的十字军
交战时间：1420 年～1431 年
双方将帅：起义军统帅为杰士卡
十字军统帅有罗马教皇马丁五世、德国皇帝西
　　　　吉斯孟德
双方投入兵力：起义军约 6 万余人
　　　　　　十字军约 13 万人
双方使用兵器：矛、盾、刀剑、挠钩、战斧、
　　　　　　火炮等
交战结果：起义被镇压

在捷克手抄本《圣经》中，一名胡司派支持者（身穿黑衣者）描述了胡司被烧死在火刑柱上的情景。胡司的死，激起了捷克人民的极大愤怒，由此引发了胡司战争。

历史回顾

　　捷克人民多次在布拉格举行集会，抗议教皇和皇帝的暴行和失信。他们冲进教堂，痛打牧师僧侣，拒绝交纳杂税，驱逐德国教士，自发地掀起反对天主教的高潮，最终爆发了农民起义。

　　农民起义军由两派组成：一是由中产阶级和中小贵族为主的圣杯派；一是由下层劳动人民为主的塔波尔派，他们是起义的主力军。1419 年 7 月 22 日，大约有 4 万多捷克各地的农民来到了塔波尔城，他们把带来的多余财物放在街道上的大木桶中，大家可以随意取用，两派起义军团结在杰出的指挥官约翰·杰士卡（1378～1424 年）周围。杰士卡出身于一个破落的骑士家庭，曾在军队中服役，有丰富的作战经验，起义爆发后他立即参加了起义军，并被推举为起义军的首领。在他的领导下，起义

在这幅16世纪的手稿画中，身穿黑袍的牧师怀抱一个死婴站在前面，表现出教皇军队的凶残。实际上，起义军并不是如图描绘的全副武装的骑兵，而主要由装备落后的捷克农民组成，不过，他们在杰士卡的正确指挥下，多次以少胜多，击败敌人。

装甲。铁链围在步军的外面，抵御敌人骑兵的冲击，火炮可以直接攻击敌人。阵形布置完后，他命人在战阵的前方挖一条深堑，上面做好伪饰。

十字军骑兵开始向起义军发起攻势，前排的骑士纷纷掉进伪装的壕沟，冲进起义军阵地的十字军骑士被铁链阻挡在战车外，手中的战斧和长矛伤及不到圈内的敌人。一个个圆圈使十字军骑兵阵形相互被分割开来，这时起义军用弓箭、火炮攻击圈外敌人。战车内的步兵通过空隙寻找机会用挠钩把敌人拉下马，用长矛、弓箭射杀他。身穿笨重铠甲的骑士落马后无用武之地，不是被钩杀，就是被火炮打死。不久进入阵地的骑士就所剩无几。未进入的骑兵准备撤退，但早已埋伏好的骑兵乘势杀来，堵住了敌人的去路。战车上的铁链也收起来，阵地的起义军冲出来追击。十字军

军很快发展到6万余人，形成一支兵种齐全、训练有素、纪律严明的新型军队。

捷克国王被胡司起义惊吓而死，德国皇帝西吉斯孟德兼任捷克国王，这更激起了捷克农民的愤怒。罗马教皇马丁五世和德国皇帝西吉斯孟德立即组织十字军镇压起义。1421年，十字军开始向布拉格城推进，讨伐起义军。为对付十字军强悍的骑兵，杰士卡在布拉格城外的田野里列好阵式。他还研究出一套"战车堡垒"战术：他把战车在田野里围成许多圆形阵地，每个战车都用铁链子联结在一起，战车上安装有火炮和

胡司派战士使用的装在木柱上的巨枪。

历史背景

15 世纪，捷克王国的土地和矿山，大都集中在由德国的僧侣和教士担任的捷克主教和修道院长手中。他们控制着城市，在经济上和政治上形成特殊的集团，捷克人的钱财大量流入德国人手中。时任伯利恒教堂的神甫、布拉格大学校长的胡司，目睹天主教会在捷克榨取农民血汗，搜刮民脂民膏的腐败行径，便决心在宗教方面进行改革。胡司的改革严重触犯了天主教会的利益。教会会议在承诺保证胡司人身安全的情况下逮捕了他，并宣布他为异端，处以火刑。胡司的死，激起了捷克人民强烈的反抗情绪。

腹背受敌，顾不上反击，乱作一团，起义军一举全歼敌军。

在随后的几次围剿中，起义军凭借"战车堡垒"战术连连获胜。1424 年 10 月 11 日，杰士卡因病去世。起义军在新的统帅领导下开始反攻，一直攻到德国境内。

然而，起义军内部却发生了分裂。圣杯派的中产阶级和中小贵族在战争中慢慢取代了德国贵族在捷克的位置，他们获得了城市的管理权。起义的目的已经达到，现在他们开始害怕起义军继续壮大，希望停止战争。罗马教皇和德国皇帝见武力并不能镇压起义军，于是他们开始拉拢和分化起义军。圣杯派叛变了起义军，和德国人联合共同镇压起义军。为了削弱和破坏起义军战车堡垒战术，他们诱使起义军进攻，并派骑兵从侧翼突袭，起义军领袖普罗科普战死，起义军全面溃败。但不间断的反抗一直坚持到 1452 年。

双方策略战术

胡司战争中，起义军采用防御策略，针对敌人的骑兵优势，采取"战车堡垒"和迂回夹击战术，大败十字军；在圣杯派的反叛战争中，圣杯派抓住战车堡垒的不足，采用诱敌出击、合围攻击战术大败起义军。

重要意义

这场战争，沉重地打击了教皇和德国的势力，使捷克取得了政治独立，对捷克具有重要意义。起义军车载兵、战车工事及火炮的运用是欧洲军事史上的创新和发展。

在这幅手稿画中，杰士卡正带领一支起义军队前进，他在 1421 年 7 月的一次战役中失去了一只眼睛，所以图中他的眼睛被布蒙着，他身后飘扬的旗帜上画的就是胡司派的圣餐杯。

玫瑰战争

——英国封建贵族的葬礼

交战双方：英国兰开斯特贵族军队
英国约克贵族军队

交战时间：1455 年～1485 年

双方将帅：兰开斯特贵族统帅为王后玛格丽特
约克贵族统帅为爱德华

双方投入兵力：兰开斯特贵族军队约 6 万人
约克贵族军队约 4 万人

双方使用兵器：矛、盾、弓箭、火炮、刀剑等

交战结果：约克贵族军最终战胜兰开斯特贵族

历史回顾

　　1455 年 5 月 22 日，约克公爵联合沃里克伯爵等贵族从南方调遣 3000 人发起对兰开斯特派的进攻。兰开斯特家族出身的国王和王后玛格丽特率军队 2000 余人在圣奥尔本斯迎战。约克军的弓箭和火炮使国王受伤后被挟持，而玛格丽特逃到了苏格兰。约克公爵威胁国王承认他为王位继承人。玛格丽特闻讯大怒，从苏格兰借兵反攻约克，双方在威

1471 年 4 月 14 日的巴尼特战役中，约克家族的国王爱德华四世打败了兰开斯特家族的亨利六世的军队。

克菲尔德展开激战。人数占优的玛格丽特军一举击败约克军，并将约克及其次子杀死，将其首级扣上纸做的王冠悬挂示众。

约克公爵的死，使约克贵族的拥护者极为愤怒，他们拥立约克公爵的儿子爱德华为王。在沃里克伯爵的帮助下，1461 年 3 月，爱德华四世率领 4 万余人向北进军攻打玛格丽特。玛格丽特带领 6 万人迎击，两军在陶顿相遇。

陶顿位于地势较高的山丘上，王后玛格丽特的军队处于居高临下的位置，地势较为有利。但是，这一天正刮着强劲的南风，暴风雪使人睁不开眼睛，同时受逆风的影响，弓箭的射程和威力大打折扣。爱德华四世却正好相反，虽然处于地势较低的不利之势下，但风雪却使他们的弓箭威力大增。借着风势，爱德华向山上发起猛攻，兰开斯特军队损失惨重。虽说占有人数上的优势，但恶劣的自然条件却抑制了玛格丽特军队的攻势。

玛格丽特为了扭转被动的防守局面，下令向山下的敌人发动反攻，双方在风雪中展开肉搏。一直激战到傍晚，仍然未分出胜负。突然，玛格丽特军队的侧翼开始骚动。原来，爱德华四世的后续部队赶到，并从防守较弱的敌人侧翼进行猛攻。玛格丽特军队发生混乱，无法抵挡。爱德华四世率领将士一鼓作气，一直追杀到深夜。玛格丽特王后趁乱带着亨利六世和幼子又一次逃往苏格兰。1465 年，亨利六世再次被俘，被爱德华四世囚禁在伦敦塔下。这场战争基本肃清了兰开斯特派的势力。

约克派掌握政权后，内部的矛盾开始显露出来，国王爱德华四世与实权人物沃里克产生不可调和的冲突。沃里克密谋反叛，把爱德华俘获，关在监狱里。爱德华出狱后又重新组织力量，一举将沃里克赶到法国。沃里克与兰开斯特家族结成联盟，并在法国的支持下，卷土重来，爱德华不得不逃亡到他妹夫勃艮第公爵那里。

沃里克掌权后，英国人民对他的统治极为反感，国内矛盾再一次升温。爱德华抓住这一有利时机，于 1471 年 3 月亲率军队在巴尼特和沃里克展开决战。这天浓雾迷漫，仅有 9000 人的爱德华决定以先发制人的战术突袭敌人，于是他率部队提前出发。沃里克想依靠 2 万人的绝对优势采取迂回战术夹击敌人。激战开始后，浓雾使双方分不清敌我，死伤惨重。爱德华趁势猛攻，沃里克在交战中被杀。兰开斯特的军队抵挡不住，几乎全军覆没。爱德华抓住了偷渡的王后玛格丽特，并将她和幼子及许多兰开斯特的贵族杀死，只有兰开斯特的远亲亨利·都铎逃脱。

1485 年，亨利·都铎率军击败英王查理三世

历史背景

英国在英法百年战争中失败后，国内各阶层矛盾越来越尖锐，英国皇室内部争斗更为激烈。在这种长期的争斗中，英国皇族后裔的两个旁系家族逐渐形成了两大对立的贵族集团：一是以红玫瑰为标志的兰开斯特派，它代表着西北经济落后地区的贵族集团；一是以白玫瑰为标志的约克派，它代表着东南部经济比较发达地区的贵族集团。围绕着英国王位继承权问题，两大集团进行了激烈的争夺，英国朝政更为混乱。1454 年 12 月，约克公爵查理在宫廷斗争中失利，开始举兵反对兰开斯特家族出身的国王，玫瑰战争开始。

并将其杀死。结束了历时 30 年的玫瑰之战，都铎登上王位后与爱德华四世的长女伊丽莎白结婚，至此两大家族重新修好。

<u>双方策略战术</u>

玫瑰战争双方都采用骑兵、步兵分散搏击的白刃格斗战术，充分发挥自身优势，克制敌人的长处，善抓对方的内部矛盾来攻击敌人。

重要意义

玖瑰战争是贵族自己施实的大手术，使英国两大家族为首的贵族几乎全部消亡，新兴贵族和资产阶级的力量逐渐发展起来，政治也逐渐统一，可以说这是专政体制确定前的最后一次战争。

两朵玫瑰之间的选择

在这场战争中，兰开斯特家族和约克家族同归于尽，大批封建旧贵族在互相残杀中或阵亡或被处决。新兴贵族和资产阶级的力量在战争中迅速增长，从这个意义上说，玫瑰战争是英国专制政体确立之前封建无政府状态的最后一次战争。

土耳其攻占伊斯坦丁堡

——永恒之城的陷落

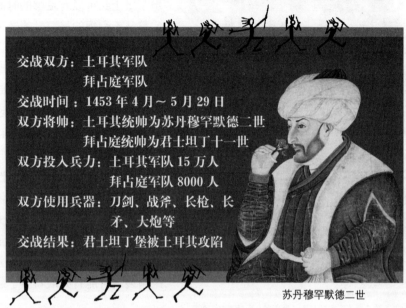

交战双方：土耳其军队
　　　　　拜占庭军队

交战时间：1453 年 4 月～ 5 月 29 日

双方将帅：土耳其统帅为苏丹穆罕默德二世
　　　　　拜占庭统帅为君士坦丁十一世

双方投入兵力：土耳其军队 15 万人
　　　　　　　拜占庭军队 8000 人

双方使用兵器：刀剑、战斧、长枪、长
　　　　　　　矛、大炮等

交战结果：君士坦丁堡被土耳其攻陷

苏丹穆罕默德二世

历史回顾

　　土耳其人对君士坦丁堡进行过数次围攻，都徒劳而返。原来，君士坦丁堡建立在一个向东突出的三角形岬角上面，北面的侧面为金角，南面则有马尔马拉海，海岸与城墙为一体，是无法攀缘的悬崖峭壁。只有西面连接大陆，并有内外两道城墙。城墙又分三层，内层高 40 英尺，外层高 25 英尺，最外面是宽 60 英尺，深 15 英尺的护城河。内外层城墙上都密布着高 60 英尺的碉楼。南面金角的出口有大铁链保护，并且城市本身从侧面俺护着南面的进口，拜占庭的 26 艘舰队就在这里驻守着。得天独厚的险峻地形和坚固的防御工事阻击着敌人的进攻。

　　1453 年 4 月，不甘心的土耳其苏丹穆罕默德二世组织 15 万人、战船 300 艘、大小炮近 100 门，再一次对君士坦丁堡发起规模最大的一次进攻。君士坦丁十一世为对付敌人，补修城墙，招补军士，使兵力达到 8000 余人。

　　穆罕默德计划从西面开始进攻，他把兵分为四路从不同地点同时进攻。君士坦丁看出敌人主力攻打的地区，也将主力转移过来，而其他地方却只有很少的守兵。

苏丹穆罕默德二世在君士坦丁堡城外宿营

穆罕默德二世知道这场决战将损失巨大，所以在临攻城之前，他给了君士坦丁十一世最后一次机会。他横立阵前，向康斯坦丁劝诫道："如若你能向我投降，我将依据法律宽恕你和这座伟大城市的人民，你的家人和财产都不会有任何损失。" 但君士坦丁十一世拒绝投降的坚决态度给了守城士兵视死守卫的勇气。

穆罕默德调集大炮，开始组织有史以来的第一次炮击。面对坚固的城墙，放在护城河边上的大炮的效力显得非常有限。城墙虽然有部分被轰毁，但两个小时才能装好一发炮弹，使君士坦丁堡士兵可以有足够的时间再修补完整。不耐烦的穆罕默德遂下令对城墙和金角铁链同时发起攻击，土耳其士兵迅速冲到护城壕边。守城的将士把各种火器、投掷物和弓箭同时向敌人发射，把攻城者击退到护城壕边。向金角进攻的士兵被铁链阻挡在外面，里面的拜占庭舰队纷纷向他们投掷火箭、标枪及可怕的"希腊火"。

穆罕默德清楚地意识到控制金角，威胁城墙较弱、防守士兵较少的北面海墙是破城的关键所在。金角口是由铁链来防御，如果设法绕过去，从水路偷袭就可能打开缺口。于是他命令士兵整平地面，在陆上修一条木质轨道，上面涂上一层牛羊油脂。在炮兵的掩护下，让士兵将70余艘船从博斯普鲁斯的海岸拖到加拉塔西面流向金角中的溪流中。溜进金角湾后，土耳其士兵用猛烈的炮火对海墙进行轰击。君士坦丁对突然出现的舰队极为震惊，于是忙把西面的守军撤出部分加强北面的防卫。

这时，穆罕默德的援军赶到，对西线已经削弱防守的城墙开始了总攻。他们用"攻城楼"作掩护，从楼上向城里发射火力。他们还动用士兵挖掘坑道，从地下向城里攻，企图破坏城墙。但"攻城楼"被防守军用火药炸毁，坑道士兵不是被炸死，就是被闷死。防守军还勇敢地钻进地道用短刀将敌人杀死。穆罕默德并不放弃，仍然调集援兵，就连他的侍卫军也投入了战斗。

后来，穆罕默德将进攻者分为两个梯队。第一梯队上去，虽然立即遭到各种火器、希腊火和沸油的反击，但是经过反复几次，守城的将士就被连续的攻城拖得筋疲力尽，弹药和投掷物也用光了。这时，第二梯队马上冲上去，高架云梯开始强攻。君士坦丁堡守城士兵用刀剑与敌人展开肉搏，最终都战死沙场。君士坦丁十一世和随从也冲进敌军勇敢地杀敌，但终因寡不敌众被乱刀砍死。君士坦丁堡历时两个月终于被攻破，许多珍贵的建筑、文物和文化被洗劫一空。

双方策略战术

在战争中，君士坦丁凭借险峻地势，采用积极防御策略，一度多次击退敌军。穆罕默德采用突袭分散对手力量，保持持续进攻，消耗对方实力，拖垮对手的战略战术，最终攻破君士坦丁堡。

16 世纪初的伊斯坦布尔
1453 年，土耳其苏丹穆罕默德二世攻占君士坦丁堡，灭亡了东罗马，将这里变成奥斯曼帝国的首都，并改名为伊斯坦布尔，直至 1923 年土耳其共和国成立迁都安卡拉为止。

重要意义

君士坦丁堡的陷落，标志着罗马帝国的终结。在战争中流亡的学者和流失的文化使欧洲文化得以发展，对人类历史起了重大的促进作用。

君士坦丁堡的城墙固若金汤，外敌要想进入须先越过一道壕沟和一条在低墙保护下的堤防，然后冲过外墙，最后才能进入比外墙还高的内墙。

维也纳保卫战

——土耳其扩张的极限

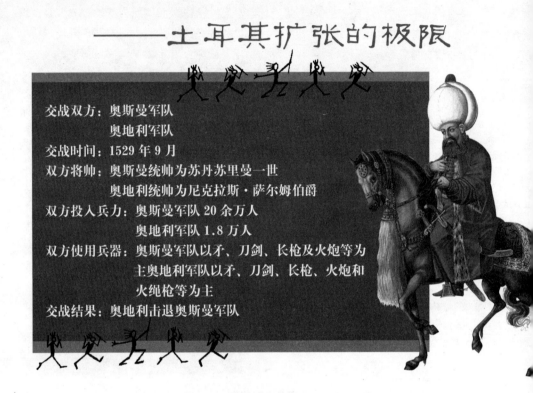

交战双方：奥斯曼军队
奥地利军队

交战时间：1529 年 9 月

双方将帅：奥斯曼统帅为苏丹苏里曼一世
奥地利统帅为尼克拉斯·萨尔姆伯爵

双方投入兵力：奥斯曼军队 20 余万人
奥地利军队 1.8 万人

双方使用兵器：奥斯曼军队以矛、刀剑、长枪及火炮等为
主奥地利军队以矛、刀剑、长枪、火炮和
火绳枪等为主

交战结果：奥地利击退奥斯曼军队

历史回顾

1526 年 4 月，苏里曼一世率领大军沿多瑙河进军，直攻匈牙利。双方在莫哈奇展开决战，本来对奥斯曼大军就心有余悸的匈牙利军队仅支撑了 4 个小时，就全军覆没了，国王也在战斗中阵亡。土耳其人一举攻占了首都布达佩斯，并进行了洗劫。随后奥斯曼撤军，特兰西瓦尼亚公爵扎良波趁势占领了布达佩斯，并自立为王。奥地利大公斐迪南联合部分贵族击败扎良波当上了国王。扎良波遂逃亡到土耳其，以求借助奥斯曼的力量东山再起。早已对奥地利野心勃勃的苏里曼借此机会于 1529 年率军进攻奥地利。20 余万奥斯曼大军在苏里曼的亲率下攻到奥地利的都城维也纳，对维也纳实行了团团包围。

维也纳不仅是奥地利的都城，也是罗马帝国的都城，是基督教徒心中的圣地。维也纳如果失守，将不仅是奥地利的失败，更是基督教和伊斯兰教两大教之间争斗

历史背景

由游牧民族土耳其人逐渐发展起的横跨亚欧非三大洲的奥斯曼帝国在14世纪末期攻占了巴尔干半岛的绝大部分地区。1453年，奥斯曼帝国又一举攻克了具有战略意义的宗教圣地君士坦丁堡，结束了拜占庭帝国的历史。君士坦丁堡的战略地位给奥斯曼帝国带来源源不断的财富，使具有军事征服传统的土耳其人，增加了雄厚的财力物力，使其扩张欲望越来越大，开始将目标瞄准中欧各国。欧洲社会的动荡、政治上的分裂给奥斯曼的入侵提供了契机。

中基督教的失败。于是，斐迪南被奥斯曼军队在布达佩斯击败后，立即调集1.8万人加强对维也纳的保卫。他命作战经验极为丰富的尼克拉斯·萨尔姆伯爵为统帅，指挥维也纳保卫战。萨尔姆指挥士兵加固城墙，在城墙上安装各种防御设施，他把对奥斯曼大军来讲可以说是秘密武器的步枪，集中在奥斯曼军队进攻的地方。

苏里曼知道维也纳的守兵与自己的大军在人数上相差甚大，他并没有把维也纳放在心上，只是安排士兵从水陆两方切断维也纳与外界的联系和供给，并派人到城外高声劝降。城墙上的守兵被嚣张的土耳其士兵激怒了，只听叭的一声，耀武扬威的劝降士兵满头是血，倒在地上，原来守城的枪手用枪把他击倒了。

苏里曼被激怒了，他命令大军从四面进攻，在弓箭和投掷物的掩护下，士兵们架起云梯向城墙扑去。弓箭的射程不及步枪，攻城的士兵在城墙上的枪声、炮声和弓箭、投掷物的弹雨中纷纷倒下。坚固的防御根本使奥斯曼大军靠近不了城墙。叭叭的枪声，使他们一直后退。

连续几天，步枪的威力和顽强的防守，让土耳其人伤亡

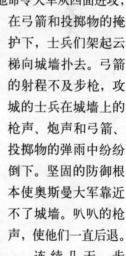

这幅16世纪的德国画作描绘了苏丹一位高级指挥官带领他的将官列队出征的情景。在苏里曼统治时期，这样的近卫军人数在1.2万左右，他们只效忠于苏丹。

惨重，没有任何进展。于是奥斯曼军队将火炮调来，趁着夜色的掩护摸到城下，在城墙根埋上地雷。火炮的攻击和地雷的爆炸使维也纳城墙被打开几个缺口，土耳其人像潮水般从缺口中涌进城里。

萨尔姆果断下令将所有枪支集中到缺口处，一排排密集的子弹，使冲进城里的敌人纷纷倒下。这极大地震慑了土耳其士兵，看到接连倒下的同伴，他们开始后撤。维也纳防守士兵趁机将摧毁的城墙修补好。

凭借坚固的城池和守军的拼死防御，维也纳守军和对方相持了一个多月。伤亡的剧增和接济的困难，使苏里曼不得不退兵，而维也纳也到了弹尽粮绝的地步。

苏里曼一世

苏里曼一世（1520～1560年）时期，奥斯曼帝国达到了鼎盛。他是个非常有作为的苏丹，他把全部精力放在进攻欧洲上，继位不久就开始向欧洲全面进攻。在位46年，他亲征13次，其中11场战役都获得胜利。

双方策略战术

苏里曼以优势兵力围攻维也纳，采用封锁和强攻战术取得一定的效果，但终因消耗不能供给无功而返。奥地利采取积极的防御战术，充分利用新式武器与敌人形成相持，最终坚持到敌人退军。

重要意义

维也纳保卫战的胜利，阻击了奥斯曼帝国在欧洲的进一步扩张；随着科学技术发展而产生的步枪等火器开始登上军事舞台。

扫码获取更多资源

德国农民起义

——德国人民最伟大的革命尝试

交战双方：德国封建主军队
德国农民起义军
交战时间：16 世纪 20 年代
双方统帅：封建主军队统帅为特鲁赫泽斯
农民起义军统帅为托马斯·闵采尔
双方投入兵力：封建主军队约 4 万人
农民起义军约 4 万人
双方使用兵器：矛、盾、刀剑、火炮等
交战结果：起义军遭到残酷镇压而失败

托马斯·闵采尔

历史回顾

随着德国内部矛盾的日益尖锐，燃烧着对宗教势力和封建主怒火的农民，在南部秘密成立了"鞋会"，他们以画着一只鞋子的旗帜为会旗，开始了对穿着长靴的贵族的对抗。他们每年都聚集到一起，杀贪官贵族、砸教堂、均分财产和土地。但是，每一次都被封建主和教会残酷镇压了。这更激发了德意志农民对他们的仇视。

托马斯·闵采尔是一位下层的教甫，他目睹了教会上层的腐败和堕落，因此他坚决反对教皇的放任自流和奢侈，反对一切压迫和剥削。他积极传播自己的思想，他的信徒遍布许多城镇。1524 年，封建主和教会对农民的奴役更为残暴，农民无法忍受这非人的劳役。于是在托马斯·闵采尔的领导下，士瓦本南部的农民拒绝了贵族们的劳役，集结在一起，发动了大规模的农民起义。他们冲进封建主的庄园，占领和捣毁寺院与城堡，强迫封建主交出粮食和土地。他们以推翻封建制度为口号，

16世纪初，德国教会力量横行无忌，他们以出售神职为由，敲诈勒索，贪污受贿，过着奢侈糜烂的生活。他们巧立名目、中饱私囊，聚敛暴行引起社会的极大愤慨。而各封建主仗着自己的权势，强占土地，乱设高额税赋，掳掠民财，横行霸道。农民赖以生存的土地和财产逐渐集中到教会和封建贵族手中。穷困的生活和繁重的劳役引起农民的强烈不满和反抗，他们纷纷组织起来，掀起了农民反抗教会与封建主的起义高潮。

提出了自己的纲领——《书简》。士瓦本贵族们对农民的起义极为恐慌，他们假意与农民谈判，暗地里却调集军队，镇压起义军。闵采尔知道上当后，立即拒绝了谈判，指挥起义军攻占城市，抢夺敌人的武器，杀富济贫。周边的农民及奴隶闻讯纷纷来投，不久起义军席卷士瓦本地区，起义人数猛增至4万。1525年3月，起义军领袖们在闵采尔的领导下，在梅明根集会，制定起义军的斗争纲领《十二条》。纲领规定收回贵族霸占的农民土地，恢复被压迫农奴的人身自由，限制地租和劳役等。这个纲领部分地反映了农民的利益要求。

闵采尔又来到图林根，在缪尔豪森城领导起义。起义军一举冲进贵族们的庭院，并攻占了教堂、城堡和修道院，焚烧掉封建主的家院，分掉了贵族的土地和财物。推翻了缪尔豪森城内的贵族统治，建立了没有领主、财产公有、人人平等的"永久议会"。闵采尔被选为主席，缪尔豪森城成为德意志中部农民起义的中心。许多骑士开始加入到起义军的队伍里，许多城市也倒向起义军。

封建主和教会主见农民起义军的发展势头迅猛，极为惊慌，他们集结军队，在特鲁赫泽斯的率领下，开始对起义军进行围剿镇压。狡猾的特鲁赫泽斯看到起义军队伍分散，并且其组成人员极复杂，于是他一面拉拢只想利用起义来实现自己利益，对起义态度不坚决的部分，进行假谈判，争取时间；一面组织武力对付起义军。整个起义军队伍人心涣散，战斗力大为削弱。特鲁赫泽斯抓住时机，采用突然袭击、各个击破的策略，向起义军发起了猛烈的攻击。弗兰科尼亚等各地的起义被镇压。闵采尔率领8000余起义军于1925年5月在缪尔豪森和封建主5万大军展开最后的决战。

面对兵力处于绝对优势的敌人，闵采尔毫不畏惧，率领起义军一马当先向敌人冲去。由于起义军没经过系

统训练，武器落后，最后寡不敌众，许多人都壮烈牺牲。闵采尔被俘后被处以极刑，起义失败。

双方策略战术

　　封建主军队根据起义军分散的实际情况，采用假谈判、真动武的策略，分化起义军，各个击破。起义军在战争中虽提出战斗纲领，成立起义中心，但最终因兵力分散没形成优势兵力，且军心涣散，寡不敌众被镇压。

1524 年，农民们再也忍受不了封建主和教会的残酷剥削，揭竿而起，许多城市的平民也参加了起义。图为农民们举着起义旗帜（上面画着一只系带的鞋子）将一个抓获的骑士围了起来。

重要意义

　　德国农民起义，从根本上动摇了天主教在德国的统治，促进了整个欧洲的宗教改革和文艺复兴运动的深入发展，推动了社会的前进。封建统治开始动摇，无产阶级慢慢登上政治舞台。

荷兰独立战

——奏响革命交响曲

交战双方：西班牙军队
　　　　　荷兰起义军
交战时间：1566 年～ 1609 年
双方将帅：西班牙军队统帅为阿尔法
　　　　　荷兰起义军统帅为威廉
双方使用兵器：刀剑、长矛、火枪、火炮等
交战结果：起义军胜利，荷兰独立

尼德兰起义军领袖奥兰
治·威廉像

历史回顾

　　面对西班牙的专制统治和宗教迫害，以宗教斗争为先导的尼德兰民众反封建斗争逐步高涨。激进的加尔文教教徒迅速增多，并不时地同当局和教会发生冲突。腓力二世只好表面答应群众的要求，但是暗地里却在秘密制定残酷镇压尼德兰革命势力的计划。1566 年，尼德兰贵族也向西班牙国王请愿，要求废除宗教裁判所，缓和镇压异端的政策。在没有任何收获的情况下，贵族中的激进派加入到加尔文教会和革命群众的行列，一场大的革命风暴即将来临。

　　1566 年 8 月，一名叫马特的制帽工人，掀起了破坏圣像、圣徒遗骨和祭坛的运动，并得到广大人民群众的支持，安特卫普、瓦朗西安爆发了起义。1567 年，腓力二世命阿尔法为总督率军进驻尼德兰，开始了对异教徒和起义军的血腥镇压，一些贵族和资产阶级也被杀害。由工人、农民和革命资产阶级分子构成的起义军和激进的加尔文教徒转移到森林里和海上，组成"森林乞丐"和"海上乞丐"，展开游击战，神出鬼没地袭击西班牙军队，奏响了荷兰革命的交响曲。1568 年，奥伦治亲王威廉从国外组织一支雇佣军，但终因势单力薄而被阿尔法击败。1572 年 4 月，在森林乞丐和

历史背景

　　随着欧洲文艺复兴和科学技术的发展，资产阶级慢慢登上历史舞台。1556 年，包括荷兰、比利时、卢森堡和法国东北部的尼德兰，因王朝联姻和王位继承关系，归属了西班牙。西班牙对尼德兰推行封建专制制度，对尼德兰人民进行残酷的奴役和剥削，造成手工工场倒闭、工人失业，极大地扼制了资本主义经济的发展。西班牙专制还体现在教会迫害上：查理一世曾在尼德兰设立宗教裁判所，颁布"血腥诏令"，残酷迫害新教徒；腓力二世加强教会权力，命令尼德兰总督一切重大事务听从教会首领格伦维尔的意见，并且拒绝从尼德兰各地撤走西班牙军队。西班牙的专制行为引起尼德兰人民的极度不满和抗议。

　　海上乞丐影响下，尼德兰北方各省均发生起义，致使阿尔法军力分散。海上乞丐乘机率领装有枪炮的轻便船猛攻泽兰省的布里尔，守卫的西班牙军遭受重创。起义军又一举将西班牙军从北部大部分地区驱逐出去，并占领了荷兰省和泽兰省，建立了自己的根据地，威廉被推选为执政。

　　阿尔法极为恼火，他开始集中兵力镇压北部起义军。1572 年 12 月，阿尔法大军挺进到哈勒姆，几次强攻都以失败告终。阿尔法于是改变策略，包围哈勒姆，切断所有通道，封锁城池，断绝城内的一切供给，并不时进行佯攻，消耗城内的弹药，八个月后终于攻陷哈勒姆城。攻占了哈勒姆城后，阿尔法开始攻打荷兰的莱顿城。莱顿城地势险要，防御工事坚固，易守难攻，阿尔法继续采用封锁战术。城民和起义军坚持了近一年，基本上到了弹尽粮绝的地步。阿尔法感觉时机成熟，开始发起总攻，但城内剩余的弹药使阿尔法惨败。于是阿尔法试图诱降起义军，遭到拒绝。

群情高昂的城市保卫者射击连队的军官们，充分展现了独立后荷兰人的自信和自豪。

荷兰独立战争是历史上第一次胜利的资产阶级革命，建立了第一个资产阶级共和国。虽然这场革命战争异常复杂、曲折和持久，经历了几次反复，但最终推翻了西班牙的专制统治，争取了民族独立，为资本主义发展扫清了道路。

海上乞丐这时赶来救援，游击队在海坝上挖掘了16处缺口，海水顺势涌向莱顿城，莱顿城外一片汪洋，本来就伤亡惨重而士气低落的西班牙人在海水中仓皇撤退。

1576年9月4日，布鲁塞尔举行起义，起义军占领了国务委员会大厦，这样西班牙在尼德兰南部的统治就被推翻了。

1576年11月，以威廉为代表的北方起义军和南方起义军签订协定，首先驱逐西班牙人，成立政府，再解决双方在宗教问题上的分歧问题。1581年，北方7省联合成立荷兰共和国，宣布废黜腓力二世。而坚持妥协的南方起义军却遭到西班牙军队的镇压而失败。1609年1月9日，西班牙国王和荷兰共和国签订协议，承认了荷兰的独立。

双方策略战术

阿尔法采用封锁战术，取得了一定效果，但终因援兵使用海水而失败；起义军在受到残酷镇压后，采用游击战术与敌人迂回，最终取得了胜利。

重要意义

尼德兰革命是世界上第一次胜利的资产阶级革命，建立了第一个资产阶级共和国。它推翻了西班牙的专制统治，争取到民族独立。

这幅寓意画中，阿尔法正在接受魔鬼的加冕，并给代表荷兰各省的人物戴上枷锁，而室外正在执行阿尔法对荷兰贵族处以死刑的命令。这幅画充分反映了荷兰人发动起义的合理性——面对西班牙的专制统治和宗教迫害，以宗教斗争为先导的尼德兰民众反封建斗争的情绪必将高涨。

无敌舰队覆灭

——西班牙海上霸权衰落

交战双方：西班牙海舰队
　　　　　英国海舰队
交战时间：1588 年 7 月 31 日～1588 年 8 月 9 日
双方将帅：西班牙统帅为西多尼亚公爵
　　　　　英国统帅为霍华德勋爵
双方投入兵力：西班牙约 3 万余人，130 艘战
　　　　　　　舰，2431 门火炮。
　　　　　　　英国约 9000 人，130 余艘战
　　　　　　　舰，2000 余门火炮
双方使用兵器：火炮、火枪等
交战结果：西班牙舰队被击败

英女王伊丽莎白像

历史回顾

为和西班牙争夺海上霸权，英王伊丽莎白采取各种措施加快海军的建设，同时利用海盗来抢劫西班牙从各地掠来的财物，从而威胁西班牙在海上的贸易垄断地位。西班牙对此极为恼火，怀着侵占英国的目的，想把苏格兰女王玛丽扶上英国的王位。1587 年 3 月，伊丽莎白下令处决了玛丽。海上的不断侵扰和玛丽之死，使愤怒的西班牙国王腓力二世准备以武力征服英国。

1588 年 2 月，西班牙国王腓力二世命西多尼亚公爵为统帅，率领 130 余艘船、3 万余人、2431 门火炮组成的庞大舰队远征英国。英国接到情报后，积极备战。伊丽莎白命霍华德勋爵为统帅，德瑞克为副手，并任用海盗出身的霍金斯和舰炮专家对船身、船楼、船体及炮台、火炮做了相应的改进。船体矮且狭长，重心较低，目标小，灵活性强，速度快。船上装载的火炮数量多，射程比西班牙的重炮远。

7 月中旬，在一座座堡垒似的西班牙战舰上挤满了步兵，西多尼亚欲利用步兵数量上的优势，运用传统战法，冲撞敌舰，并勾住它们，然后登船与敌人进行肉搏战。

当时的西班牙海军，可谓是世界上最强大的海军；而英国海军则是由海盗小船拼凑成的，实力与无敌舰队相去甚远。但英国的舰船体积比较小，而且很灵活，速度也快，火炮的威力射程较远。在英国舰队炮火的轰击下，西班牙无敌舰队慌乱撤退。

但英军凭借战船快速灵活的优势，伺机攻击，始终保持敌炮射程范围之外的距离，并利用自己炮火射程远的优势不断袭击敌船，消耗对方的火药，使他们时刻处于警备状态。当西班牙舰队到达尼德兰加莱附近时，并未得到计划好的帕尔马公爵的船只、人员及弹药的补给。

7月29日凌晨，霍德华按照前一天的会议决定，用火船战术攻击敌舰。英国在8艘旧船内装满硫黄、柴草等易燃物品，船身涂满柏油。点燃后，8只火船像8条火龙顺风而下，向西班牙舰队急驰而去。在黎明的宁静中，西班牙哨兵发现几道火舌向他们冲来，立即发出警报。顿时，西班牙舰队乱作一团，一些木壳船已经被大火点燃。

西多尼亚公爵忙令各舰船砍断锚索，想等到火船过去再占领这个投锚地。但恐慌的西班牙人乱成一片，他们只顾夺路奔逃，致使船只相互碰搏，甚至大打出手。被砍断锚索的舰船随风沿着海岸向东北漂流，西多尼亚只好命旗舰圣马丁号起锚向漂流的船只追去。

德瑞克、霍金斯等人继续全速向西班牙舰队追去。英军开始向敌人发火，许多船只纷纷中弹起火，而西班牙的重炮却很难击中目标，步兵和重炮无法充分发挥作用。英国凭借船身矮小，灵活自如的优点，对敌船猛烈地轰击。他们巧妙配合，相互策应，使散开的西班牙战舰更为混乱。

历史背景

自哥伦布发现新大陆后，西班牙凭借强大的海上势力，在美洲占领了广大地域，掠夺了大量财富，并将殖民势力扩展到欧亚非美四大洲。此时，英国正处于资本主义发展阶段，急需大量的原料和财富，也开始积极推行殖民政策，向外扩张，寻找建立殖民地的土地和国家。西班牙是海上霸主，这给英国的对外扩张带来极大的阻碍，于是两国的矛盾冲突日益尖锐。

激烈的战斗持续了近一天，英军的损失极小。而西班牙舰队却受到严重的摧残，舰船被打得支离破碎，一只旗舰被击沉，损伤30余艘船只，另有16艘成为了英军的战利品，剩余的伤兵残船在西多尼亚的领导下被迫退出英吉利海峡。

不甘心的西多尼亚带领残部决定再度控制英吉利海峡，但风向始终没有转向有利于他的方向，再加上没有船只、人员及弹药的供给，他只好放弃并绕道北海退回西班牙。1588年10月，当他们返回西班牙时仅剩43艘残破船只。

双方策略战术

在这次海战中，霍德华充分利用武器、舰船的优势，远距离击敌，快速灵活迂回作战；同时运用火船战术打乱敌人，很好地抑制住敌人重炮威力，从而克制住敌人，最终一举重创敌人舰队。

重要意义

这场海战是历史上第一次全凭舰炮制胜的海战，舰船的机动性和火炮优势取代了传统的战法。英军的胜利，使西班牙一蹶不振，英国成为新的海上霸主。

这幅画表现了伊丽莎白的夏季出巡。画中，伊丽莎白坐在撑着华盖的轿椅上，轿前左起第二位蓄着白胡须的就是指挥英舰队抗击西班牙无敌舰队的霍华德勋爵。

壬辰海战

——装甲舰的出现

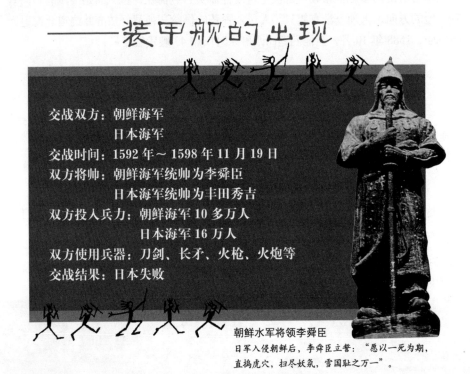

交战双方：朝鲜海军
　　　　　日本海军
交战时间：1592 年～1598 年 11 月 19 日
双方将帅：朝鲜海军统帅为李舜臣
　　　　　日本海军统帅为丰田秀吉
双方投入兵力：朝鲜海军 10 多万人
　　　　　　　日本海军 16 万人
双方使用兵器：刀剑、长矛、火枪、火炮等
交战结果：日本失败

朝鲜水军将领李舜臣
日军入侵朝鲜后，李舜臣立誓："愿以一死为期，
直捣虎穴，扫尽妖氛，雪国耻之万一"。

历史回顾

　　1592 年，丰田秀吉动用 16 万人马，开始大举进攻朝鲜。软弱无能的朝鲜统治者束手无策，日军长驱直入，势如破竹，不足三个月的时间，首府汉城、开城、平壤相继失守。朝鲜皇帝被迫逃到鸭绿江南岸的义州，同时派使者向中国求援。很快，日本就占领了大半个朝鲜。所到之处，烧杀淫掠，无恶不作，朝鲜人民陷入苦海之中。

　　面对日本的侵略和残暴的恶行，朝鲜人民纷纷举起起义大旗与日军对抗。朝鲜的爱国将领也都积极备战，全力抗敌。时任全罗道水军节度使的李舜臣是一位著名的战将，他自幼熟读兵法，文韬武略集于一身。为有效地抵抗日军，他充分了解日舰及火炮的特点，精心设计改进朝鲜战舰。他用硬木制成龟甲船，表面覆盖一层鳞状铁皮，其形状酷似龟背。龟船的船首刻有龙头，船的两舷各有 10 支桨，船首有几门重炮，两侧有小炮和枪眼，枪炮手在铁甲包着的船舱里袭击敌人而不致被敌人击伤。

　　忙于陆上进攻的日军，舰船的防守人数少而松懈。李舜臣抓住机会率领 80 余艘

历史背景

16世纪后期，长期处于封建集团割据混战的日本，被封建主织田信长统一了大半日本。1590年，他的亲信丰田秀吉继承他的遗志，相继征服了西部和南部地区，统一了全日本。可是，丰田秀吉扩张欲望越来越强烈，想把朝鲜、菲律宾、中国都纳入日本版图，建立大日本帝国。首先他把目标锁定在朝鲜，以朝鲜为跳板进而侵略中国。当时，李氏统治的朝鲜政府腐败虚弱，官僚营私舞弊，内部矛盾尖锐，明争暗斗十分激烈，政变不断，民不聊生，国力削落，边防设施年久失修而破烂不堪，这给日本提供了良好的机会。

战舰主动出击，进攻停泊在巨济岛玉浦港的日本战舰。朝鲜水师的突然出现使毫无作战准备的日本人乱了手脚。龟甲船逼近日本战船后，更是炮枪齐发，日军伤亡惨重，仓皇逃跑。李舜臣下令快速追击，全歼敌人。这一战使日军损失44艘战舰，伤亡人数不计其数。

巨济岛的失利，使日军大为恼火，遂派遣主力，想一举歼灭朝鲜水师。

李舜臣选择在闲山岛附近宽阔水深的海面上设伏，准备与日军决一死战。他派出一支舰队前去，和敌人主力交火，且战且退。日军不知是计，紧追不舍。当日军舰队进入伏击圈，李舜臣升起战旗，诱敌龟甲船忙调转船头向敌军迎头冲来，埋伏的朝军从两翼包抄。日军猛烈的炮火却奈何不了龟甲船。朝军勇敢地闯进敌阵，船首及两侧的炮火猛烈地扫射敌舰，日

李舜臣发明的龟船战阵作战灵活，使朝鲜水军在壬辰卫国战争中连获大捷。

龟船是原始的装甲炮舰，长十余丈，宽丈余，干舷低。甲板上有坚固外壳，木壳上覆有鳞状铁叶，因酷似龟背而得其名。龟船上刻龙头，船首有几个炮眼，两舷有一些枪眼和炮眼，每边10支划桨，在近海作战机动灵活，火力很强。

军又几乎全军覆没。日军几天内共损失 100 余船只，也丧失了朝鲜海峡的制海权。朝鲜人趁势夺回了汉城和大部分失地。

丰田秀吉意识到李舜臣在海上的威胁，没有制海权是不可能攻占朝鲜的。于是他利用亲日派在朝鲜统治层内部制造争端，陷害李舜臣，于是朝鲜国王免去了李舜臣统制使的职务。丰田秀吉见奸计得逞，于 1597 年 8 月率军突袭朝鲜水师。昏庸无能的统制使指挥不当，朝鲜水师濒临崩溃。迫于形势，李舜臣重新被任命为水师统制使，抗击日军。

李舜臣率领仅存的 12 艘舰船于 8 月 28 日迎战 330 艘战舰的日军。他巧妙地利用海潮的起落，迂回作战，使敌军受到重创，振奋了朝鲜军士气。

1598 年，中国明朝派邓子龙带领大军援助朝鲜。11 月，中朝联合舰队在露梁海设伏。18 日，火速支援被围困的日军的 500 多艘舰船援军，进入伏击圈。中朝两将领亲自冲入敌阵，激战整整进行了一昼夜。不幸的是在激战中李舜臣和邓子龙先后英勇就义。这时中国增援舰赶到，层层包围敌军，丧失斗志的日军被分割聚歼，击毁日舰 450 多艘。

历时六年的朝鲜壬辰卫国战争结束了，无论在陆地上，还是海洋上，日本侵略军都遭到彻底的失败。壬辰战争的胜利，使日本统治集团数百年不敢入侵朝鲜。而一系列威武雄壮的海战，在朝、中海军史上留下了光辉的篇章。

双方策略战术

壬辰海战中，李舜臣在战备上能知己知彼，改进作战工具，克制敌人优势；充分利用自然条件，诱敌深入，迂回包抄，灵活运用战术，加上中国的增援，最终取得了彻底胜利。

重要意义

这场战争，朝鲜人民维护了国家独立和尊严，粉碎了日本侵吞朝鲜染指中国的野心，保证了朝鲜长期的和平与安全。同时，朝中共同抗敌，为朝中海军史写下光辉一页。

三十年战争

——欧洲第一次大规模国际战争

交战双方：哈布斯堡王朝联军
　　　　　反哈布斯堡王朝联军

交战时间：1618 ～ 1648 年

双方将帅：哈布斯堡王朝联军统帅有华伦斯坦、蒂利
　　　　　反哈布斯堡王朝联军统帅有曼斯费尔德、古斯塔夫

双方投入兵力：哈布斯堡王朝联军约 4 万人
　　　　　　　反哈布斯堡王朝联军约 4.7 万人

双方使用兵器：长矛、手枪、火枪、火炮等

交战结果：以反哈布斯堡集团的胜利而告终

17世纪英国一位全副武装的滑膛枪手，下图是 9 个圆形木弹筒，每一筒装着能射一发的弹药。

历史回顾

第一阶段：

捷克于 1526 年重新并入神圣罗马帝国，德皇兼作捷克国王，但捷克保有宗教自决、政治自治的权利。可是哈布斯堡王朝三世皇帝马提亚（1612 ～ 1619 年）企图在捷克恢复天主教，并指定斐迪南为捷克国王，遭到捷克人民强烈反对。1618 年捷克人冲进王宫，把国王的两个钦差从窗口投入壕沟，从而引发了起义与战争的开端。捷克议会选举新教同盟首领巴拉丁选侯腓特烈为国王，捷克军队开始顺利，6 月一直打到维也纳城下。斐迪南慌忙求救于天主教同盟，并把巴拉丁选侯的爵位让给巴伐利亚公爵。天主教同盟出兵 2.5 万人，由蒂利伯爵统领。1620 年 11 月 8 日，在布拉格附近的白山战役中，捷克与巴拉丁联军被天主教军队击败，腓特烈逃往荷兰，巴拉丁被西班牙占领，捷克成为奥地利的一省，3/4 的封建主土地落入德国人之手。

第二阶段：

天主教同盟的胜利，不仅引起新教诸侯的紧张，而且加剧了周边国家的不安。1625 年法国首相黎塞留倡义英国、荷兰、丹麦结成反哈布斯堡联盟。丹麦国王利斯丁四世联合德国北部新教诸侯向德皇斐迪南宣战，并攻占卢特城。英国也乘势出兵。德皇任命德国化的捷克贵族华伦斯坦为总司令，1626 年 4 月华伦斯坦率军在德绍打败英军，孤立了丹麦。8 月，蒂利伯爵率军乘机击败丹麦军，收复了卢特城。此后两军会合，直捣丹麦老家日德兰半岛。

1629 年丹麦国王被迫在律贝克签订和约，保证以后不再干涉德国内务。

第三阶段：

由于德国皇帝准备在波罗的海建立一支强大的舰队，这直接威胁瑞典的优势地位。因此在法国金钱援助下，瑞典国王古道斯夫率军于 1630 年 7 月在奥得河口登陆，一路打败德国天主教联军，势如破竹。1631 年 9 月 17 日，在布赖滕费尔德会战中，瑞典—撒克逊联军大败蒂利伯爵，直抵莱茵河畔。1632 年初占领美因斯，次年春在莱希河会战中击毙蒂利伯爵，4 月攻陷奥根斯堡和慕尼黑。德皇在危急之中，5 月重新任用华伦斯坦为统帅，11 月与瑞典军在吕岑会战，虽然瑞典军大胜，但国王古道斯夫阵亡，军纪松弛。于是德皇联合西班牙军于 1634 年 9 月在诺德林根大败瑞典军，一直追到波罗的海沿岸。

斐迪南像

1617 年，斐迪南被封为捷克国王，开始疯狂迫害新教徒。他对新教会的镇压激起了人民的强烈反抗，直接导致了欧洲 30 年战争的爆发。

在一个村庄的桥上，双方兵团展开激战。

30年战争中，像这样在战争中惨遭踩躏的村庄不计其数。战争双方都采取了烧杀抢掠、切断对方补给线等策略，给人民造成了深重灾难。

这对法国大为不利，于是法国不得不直接出兵。

第四阶段：

1635年5月法国对西班牙宣战，瑞典也重新参战。在意大利，法军重创西班牙主力；在尼德兰，法军与荷兰军夺取阿图瓦等地；主战场仍在德国境内，法军战领阿尔萨斯与梅克伦堡等地，双方都大力踩躏占领地区。1643年5月19日，法国孔代亲王率2.3万法军与2.7万西军在法国北部边境要地罗克鲁瓦遭遇，取得了决定性胜利。瑞典军队也节节胜利，深入南德。法瑞联军在楚斯马斯豪森会战中大败天主教军队，使哈布斯堡王朝无力再战。但瑞典的胜利引起丹麦嫉妒，丹麦竟然袭击瑞典后方，两国经过三年战争，瑞典迫使丹麦求和。从1643年起交战双方就开始谈判，直到1648年签订"威斯特伐利亚条约"，30年战争才至此结束。

双方策略战术

德瑞战争中，古斯塔夫采用火枪兵和长矛兵、骑兵相互策应、相互掩护，并运用炮火压制，骑兵、步兵冲锋的战术一举击溃采用传统方阵古板战术的德军。

重要意义

德国分为300个大大小小的诸侯国，神圣罗马帝国事实上不再存在了。西班牙也失去一等强国的地位。法国从德国得到大片土地，成为欧洲霸主。瑞典也得到波罗的海沿岸地区，成为北欧强国。荷兰正式独立。

纳西比之战

——英国国会军的胜利

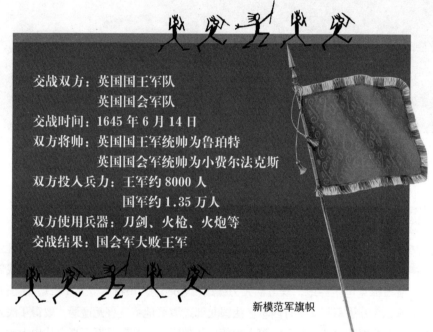

交战双方：英国国王军队
英国国会军队

交战时间：1645 年 6 月 14 日

双方将帅：英国国王军统帅为鲁珀特
英国国会军统帅为小费尔法克斯

双方投入兵力：王军约 8000 人
国军约 1.35 万人

双方使用兵器：刀剑、火枪、火炮等

交战结果：国会军大败王军

新模范军旗帜

历史回顾

　　1642 年 1 月，英国国王密谋逮捕反对派首领，消息泄漏后被迫离开伦敦，在约克城开始组织保王势力，准备以武力镇压国会反对派。

　　战争初期，掌握国会领导权的长老派并不愿与国王决裂，更无心推翻王权，他们消极怠战，致使国会军队节节失利。国王军队相继攻克约克郡的几大城市和布里斯托尔，然后又兵分三路进攻首都伦敦。这时王军已控制了 3/5 的国土。

　　1643 年，国会军中涌现出一位杰出的将领克伦威尔，在战斗中屡克敌军。他亲自组织 1.2 万人的东部盟军于 1644 年 6 月收复林肯郡大部分地区，又开始围攻约克城。这样两军首次大规模会战就在约克城西北的马斯顿荒原上拉开了。鲁珀特率领的王军迅速占领了整个荒原。国会军当晚就发动进攻。克伦威尔重点布置左翼兵力，并让左翼骑兵首先冲下高地，直扑王军右翼，很快王军右翼一线二线被击得溃不成军，落荒而逃。但国会军中路步兵和右翼骑兵却被王军逼得节节后退，于是克伦威尔指

Five Thousand Years of World Military Stories

历史背景

　　17世纪初，英国自给自足的封建农业经济随着圈地运动而瓦解，随之转化成资本主义经营。资本主义经济的发展，产生了新贵族和资产阶级。他们要求废除封建专制，分享政治权力。这样，在国会中就形成了与专制王权相对立的反对派。国会与国王的矛盾日益加重。1628年，查理一世同意了国会提出的限制王权的《权利请愿书》，但却未经国会同意继续征税而违反请愿书精神。国会便召号抗税，国王解散了国会。此后10年间，广大群众与王权的矛盾与日俱增。1640年4月，国王被迫重新组织国会，标志着资产阶级与封建王权到了非用武力不能解决的程度。

挥胜利的左翼骑兵从王军中路步兵的右翼后侧进行猛攻。腹背受敌的王军不敢恋战，仓皇逃跑。这一战扭转了国会军连连失利的局面，也使克伦威尔的部队赢得　"铁骑兵"的美誉。

　　1645年4月，国会任命小费尔法克斯为总司令，克伦威尔为副司令兼骑兵司令，率领1.4万人进攻国王的大本营牛津。得到情报的查理国王立即调集军队阻击国会军，他共拼凑了8000余人，其中骑兵4000余人，步兵3500人。

　　1645年6月，国会军和国王军在纳西比附近相遇。国王查理按传统方式把兵力分为三线，

战斗之初国会军队的部署图

画面前部是纳西比村，村左边是国会军的运输队伍，右边山上是观望者，观望者之下，在国会新模范军的右侧是克伦威尔的骑兵队伍，面对着王党军队。在另一边，克伦威尔的女婿所带领的骑兵遇上鲁珀特的部队。

滑膛枪的使用方法
使用火绳点燃火药发射弹丸的滑膛枪，由西班牙人发明，是火绳枪的一种，真正地实现了从冷兵器向火器的转变。在燧石枪发明前滑膛枪一直是军用枪械的主力，流行于15、16世纪。后来这个词成为军用前膛枪的代称。

第一线中间为步兵，两翼是骑兵，第二线是步兵中间夹着骑兵中队的混合军队，第三线是国王的步兵团和近卫骑兵团。国会军采用平行队列，与国王军相对应。

纳西比村位于哈勃勒南7英里处，坐落在一座小山上，四周空旷，树木稀少，中间有一些宽岭分隔。原认为国王军会北撤的国会军开始从纳西比村向哈勃勒进军，但很快发现国王军仍继续南下。于是，克伦威尔建议费尔法克斯在南边选择较有利的地势作阵地，诱敌深入。国会军被迫开始折回南退。6月14日上午8时许，仍未发现国会军踪影的鲁珀特极不耐烦，他亲自骑马登上高坡侦察，远远看到国会军全线后退。他认为这是攻击敌人的契机，遂率领国王军放弃坚固的防御阵地，向南追击。

克伦威尔画像
克伦威尔是英国杰出的政治家和军事家之一，他指挥的军队作战勇敢、纪律严明，被称为"铁军"，这支军队在赢得内战的胜利中起了中流砥柱的作用。

10时许，国王军进入宽岭地带，并向山脊攀爬。这时国会军已爬到山顶。激战开始，国会军左翼的将领中弹受伤，左翼开始混乱。国王军右翼的鲁珀特抓住时机一举将敌人左翼赶出战场向纳西比逃去，鲁珀特带兵穷追不舍。双方中路的步兵短兵相见，展开了激烈的肉搏战。受左翼军溃败的影响，国会军混乱不堪，被国王军压得节节后退，将领也受了重伤。在这关键时刻，克伦威尔率领3600名铁骑兵冲下山坡猛攻敌人的左翼，敌人秩序大乱，纷纷逃跑。克伦威尔命三个兵团追击逃兵，其余部队左转猛攻敌人中央步兵的侧后方，后退的国会军转身反攻。敌人阵形顿时大乱。查理见势不妙，率领自己的部队既不冲锋，也不救援孤立的步兵，而是向右逃跑。追击国会军左翼的鲁珀特在纳西比也被费尔法克斯的辎重纵列所击溃。

内战结束后，克伦威尔开始执政。起初，他想要通过谈判来进行新的选举，但是当谈判破裂时，他就用武力解散了残余议会（1653 年 4 月 20 日）。从 1653 年到 1658 年，他使用护国主的头衔统治着英格兰、苏格兰和爱尔兰。在这 5 年期间，他在不列颠建成了大体完好的政体和井然有序的行政机构。他改善了粗暴的法律，扶持文化教育。他提倡宗教信仰自由，允许犹太人再来英格兰定居，在那里实行他们自己的宗教（他们在三个多世纪以前被国王爱德华一世驱逐出境）。他推行的外交政策也是成功的。他于 1658 年因患疟疾在伦敦去世。

双方策略战术

纳西比会战中，双方均采用传统的排列布阵。但国会军却能灵活应变，采用诱敌深入，利用有利地势的策略，运用分进合击的战术，一举将敌人夹击消灭。国王军策略多变，战术死板，作战意图不统一，造成最后的惨败。

正在密谋的英国国王军队首领（底图）

重要意义

英国资产阶级在这场战争中依靠人民群众推翻了封建主专制统治，为资产阶级革命的胜利铺平了道路。战争中创立了英国历史上第一支正规陆军，在英国军事史上占有突出地位。

北方战争

——军事强国的丧钟

彼得一世

俄国沙皇，亦称彼得大帝。他在位期间，励精图治，对内实行改革，对外进行扩张，使俄国从一个封闭、落后的内陆国家跻身于欧洲强国之列。

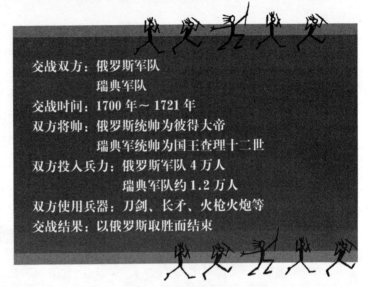

交战双方：俄罗斯军队
　　　　　瑞典军队
交战时间：1700 年～1721 年
双方将帅：俄罗斯统帅为彼得大帝
　　　　　瑞典军统帅为国王查理十二世
双方投入兵力：俄罗斯军队 4 万人
　　　　　　　瑞典军队约 1.2 万人
双方使用兵器：刀剑、长矛、火枪火炮等
交战结果：以俄罗斯取胜而结束

历史回顾

1700 年 9 月 2 日，彼得一世率 3.5 万大军包围了瑞典要塞纳尔瓦。当时瑞典是欧洲首屈一指的强国，国王查理十二是有名的常胜将军，他正围攻丹麦，闻讯迅速带领 1 万精兵救援。11 月 9 日，瑞典军突然出现在纳尔瓦城下，一阵猛烈而迅速地冲锋，打得俄军抱头鼠窜，俄军由于战线拉得太长，首尾不能相顾，遂全军崩溃，彼得一世只身逃回莫斯科。

这一战充分暴

纳尔瓦战役

纳尔瓦战役中，俄军阵亡约8000人，损失火炮145门；瑞军阵亡近3000人。俄军的暂时失利使彼得一世认识到加紧俄国正规军建设并装备新式火炮的重要性。

露了俄军的缺点，但彼得一世并不灰心，他尽最大力量重建军队，命令全国每25户出一名士兵，建立了20万大军；命令每三座教堂交出一口大钟，很快铸造了300门大炮；命令每1万个农民交纳一只战舰的钱，然后集中全国工匠造出40艘战舰和200多只小船，建立了俄国第一支舰队。

1701年俄国恢复了对瑞典的军事行动。1704年，俄军又一次包围纳尔瓦，俄军抓住瑞军求援的信使，就让四个团兵力伪装成瑞典援军与俄军厮杀，诱使城内守军出来接应，终于攻陷纳尔瓦。随后，俄军占领整个涅瓦河流域和英格利亚。

1705年查理十二打败波兰后，1707年就集结大军进攻俄国，俄军从波兰撤回，转入战略防御，俄国实行坚壁清野、诱敌深入的战略，瑞典军一路受冻挨饿，只好转入乌克兰，打算在那里补充粮草，等候援军。

历史背景

17世纪末，俄罗斯已成为跨欧亚两大洲的封建大国，但仍远远落后于欧洲各国。彼得继位后开始全面改革，办工场、修水利、促商业，使经济发展日新月异。对于军队的改革，他积极学习西方的先进技术，兴办兵工厂，造船铸炮，改善部队的装备，扩大征兵，建立海军。当时，俄国基本上为内陆国。为了使俄国富强起来，彼得一世开始为俄国寻找通往西方的出海口，因此与波罗的海的强国瑞典争战。

彼得一世在 1703 年圣彼得堡建成仪式上使用过的斧子，它让人们联想到这位至高无上的沙皇也同样是一位好战的帝王。

彼得一世决定首先攻打援兵，他率一支 1.2 万人的"飞行军"前往。10 月 9 日，双方在列斯那亚村激战，彼得一世歼灭援军大部，缴获了 7000 辆装满粮食和武器的大车，只剩下残部几千人与瑞军会合。1709 年 4 月查理十二率军围攻波尔塔瓦要塞，发动 10 多次强攻，均未得逞。7 月 6 日，彼得一世率俄军主力来到。俄军有 4.2 万人，72 门大炮；瑞军只有 3.1 万人，4 门大炮。8 日大会战非常激烈，瑞军不顾敌人炮火继续前进，然后是短兵相接的白刃战，交战中彼得一世的帽子和马中弹了；而查理十二受伤，从马上摔下来，失去知觉，被抬离战场。结果瑞军惨败，只有查理十二带领 2000 余人，沿着第聂伯河逃到土耳其。

逃亡的查理十二鼓动土耳其对俄宣战。1711 年夏，彼得一世率 4 万人南下，向多瑙河下游冒进。土耳其出动 10 万大军，在克里木军支持下，包围了俄军，俄军弹尽粮绝，彼得一世只好求和。

1714 年 8 月俄国海军在汉科角大败瑞典海军，并以阿兰群岛为跳板，进入瑞典本土。这时各国都怕俄国势大，先后与瑞典议和。由于查理十二在挪威前线战死，瑞典新女王拒绝与俄国议和，双方战事又起。1720 年俄海军在格雷厄姆岛大胜瑞典舰队，并直逼其首都斯德哥尔摩。1721 年夏，再败瑞典舰队。9 月，瑞典已无力再战，只好议和。俄国得到卡累利阿等大片地区，并将芬兰归还瑞典。从此俄罗斯人在波罗的海得以自由进出。

双方策略战术

北方战争中，查理采用突然袭击的策略，相继战胜丹麦和俄国。但在随后的战斗中，彼得避开锋芒，坚壁清野，诱敌深入，逐渐消耗敌人粮弹，拖垮敌人，并巧妙设计地形来分散敌人，最终各个击破。

重要意义

北方战争使彼得一世被尊为"大帝"，俄国打通了波罗的海的出口，为西进和南下造成了有利形势；并使俄国进入欧洲强国，单纯军事强国的瑞典从此衰败。

纪念纳尔瓦战役的小饰品

西班牙王位继承战

——法国失去霸主地位

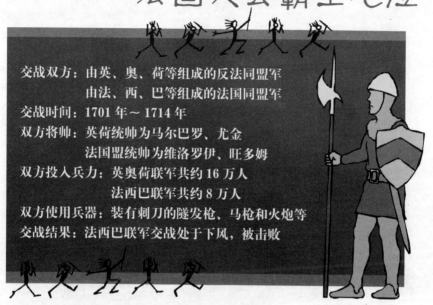

交战双方：由英、奥、荷等组成的反法同盟军
由法、西、巴等组成的法国同盟军
交战时间：1701 年～1714 年
双方将帅：英荷统帅为马尔巴罗、尤金
法国盟统帅为维洛罗伊、旺多姆
双方投入兵力：英奥荷联军共约 16 万人
法西巴联军共约 8 万人
双方使用兵器：装有刺刀的燧发枪、马枪和火炮等
交战结果：法西巴联军交战处于下风，被击败

历史回顾

1701 年 9 月，英荷奥在海牙结成同盟，法国也积极与巴伐利亚联合。1702 年，法国为阻击联军的进攻，派主力向莱茵河进发。被任命为英荷联军总司令的马尔巴罗率联军 4 万直插法军身后，法军被迫撤退。10 月，法军攻占了夹在法国与巴伐利亚中间的巴登国后，于 1703 年 5 月与巴伐利亚军队在乌尔姆会合，并一举攻占交通要塞布里萨赫的朗道，直接威胁奥地利。

形势危机的奥地利急忙求助英国，在尼德兰连战连胜的马尔巴罗迅速率军从马斯河长途远涉，向多瑙河流域转移。这是马尔巴罗针对法国在尼德兰实施战略防御，在奥地利实施进攻的策略，对英联军的战略部署做出的重大调整和转移。

1704 年 8 月 13 日凌晨，英联军在布纹海姆与法巴联军开始会战。双方均以炮兵做头阵，相互对射 4 小时之久。在炮火的掩护下，英联军开始发动进攻，两翼骑兵同时向敌人发起全面攻势，中央步兵在两翼进攻的配合下迅速抢渡尼贝尔河。连续不断的枪炮压得法联军不断后退，英联军步步逼近。下午 5 点半，马尔巴罗命炮兵又开始了新一轮的轰击。逼近的骑兵和步兵趁势全面出击，法联军阵形被打开无数缺口，英联军如把把锋利的尖刀插入敌人阵地。法联军彻底溃败，四散而逃。晚9时，这场战役告结束，法联军共损失4万余人，受到决定性的打击，而巴伐利亚被迫退出战争。英联军乘胜一直追击向莱茵河撤退的法军残余，一举夺回被侵占的要塞朗道城。

对于奥地利战场上的失败，法国极不甘心，于是将战略重点转移到尼德兰。1706年5月，两军在拉米伊再次相遇，英联军凭借杰出的军事天才马尔巴罗的出色指挥，法军再次遭到重创，损失2.1万余人，英联军乘势攻占了佛兰德伦和布拉邦特两个地区。9月，法军重整残部，猛攻都灵。受英联军胜利影响的奥地利军队士气高涨，一举将法军击败，迫使法军撤出意大利境地。

西班牙战场上，在已登位的西班牙国王菲利浦和西班牙贵族的支持下，法国取得了几场局部胜利，但对于整个局势没有根本性的意义。

1707年7月，英奥联军开始入侵法国本土，并包围了土伦。联军多次发动围攻，但坚固的防御和顽强的守兵使英奥联军撤回意大利。

1708年7月，英联军总司令马尔巴罗和尤金亲王再次联手在奥德纳尔德与统帅旺多姆率领的法军展开激战，法军溃败，损失1万余人，联军攻克了里尔。惨败的法国被迫提出议和，但联军的要求使法国难以接受，于是1709年9月，双方调集兵力展开了最大一次会战。

马尔凯拉凯位于法比边界上，马尔巴罗率11万联军和8万法军在这里展开决战。双方排开传统的线式队形，展开了激烈的对攻。这是整个战争中最激烈、最壮观、最残酷的一次战役，双方混杀在一起，凭借人数上的优势，联军最终取得胜利，但伤亡惨重，

法王后裔菲利浦

法国的宿敌英国和荷兰，初期曾一度承认菲利浦的继位，但菲利浦宣布切断西班牙和英荷两国的贸易关系，将两国推向了奥地利的一边，使得战争无法避免。

损失达 2.4 万人。

之后，战争又继续了 5 年，虽然联军占有人数上的优势，但由于整个欧洲并没有采取积极行动，战争一直呈僵局。英国为阻止俄国势力的增强，不想击垮法国，遂与法国议和，各国响应，于 1713 和 1714 年分别签订《乌德勒支和约》和《拉施塔特和约》，战争宣告结束。

双方策略战术

这次战争中双方在战术上均采用传统的线式阵形，但策略各不相同，英联军在马尔巴罗的指挥下，运用机动灵活的远涉迂回、切断敌人供给、突袭等策略，使法联军屡败。法军在策略上采用多线作战，致使兵力分散，在局部造成人数的劣势。

重要意义

此次战争后，法国开始走下坡路，大大削弱了法国在欧洲的地位，英国成为新的海上霸主。法西两国没有达到合并的目的，欧洲局势形成了新的格局。

在西班牙南部进行的阿尔曼萨战役

这次战役是西班牙王位继承战中期的一个转折点，法军的胜利巩固了菲利浦作为西班牙国王的统治权。但法军在其他地方的战败，很快又使菲利浦无法保留在西班牙的属地。

七年战争

——欧洲列强的争霸

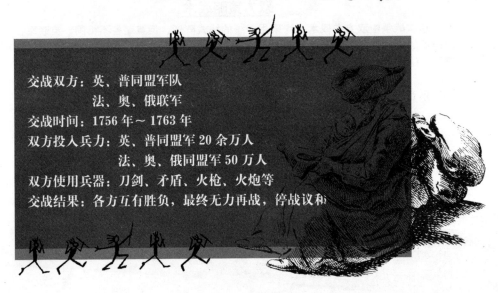

交战双方：英、普同盟军队
   　　　　法、奥、俄联军
交战时间：1756 年～1763 年
双方投入兵力：英、普同盟军 20 余万人
   　　　　　　法、奥、俄同盟军 50 万人
双方使用兵器：刀剑、矛盾、火枪、火炮等
交战结果：各方互有胜负，最终无力再战，停战议和

历史回顾

　　七年战争也称第三次西里西亚战争，这次战争是法国大革命前欧洲各大国卷入的最后一次欧洲大战，战场遍及欧洲、北美、印度和海上。

　　1756 年 7 月，法奥俄同盟反普呼声高涨。普鲁士国王腓特烈为防止反普势力联合，决定采取主动进攻，争取战争的主动权。他把军队分成四路，用三路大军防守和牵制俄国，他亲率第四路大军于 1756 年 8 月 28 日对撒克逊发动突然攻击，一举攻占了德累斯顿，封锁了皮尔那，迫使撒克逊投降。前来支援的奥军被普军在罗布西兹击溃，普军乘胜进攻布拉格。

　　普军入侵撒克逊，法俄等国极为震怒。于是，法奥俄联盟决定出动 50 万大军围攻普军。面对联军的大举围攻，腓特烈并不害怕，他频频调动军队，抗击各路敌军。

　　11 月 5 日，普军和联军在罗斯巴赫附近相遇。联军统帅索拜斯凭借兵力优势，想迂回侧翼突击，力求速战。腓特烈识破意图后，立即命令部队移师贾纳斯山上。索拜斯误以为普军在全面撤退，他认为攻击的机会来了，于是下令全面追击。联军的整个队形杂乱无序，盲目进攻，预备队也冲到前面，侧翼完全暴露出来，给普军的进攻

历史背景

　　18 世纪前期，英法为争夺殖民地和制海权而矛盾重重；奥地利和普鲁士为争夺撒克逊、波兰等地区和德意志诸侯国的霸主地位，斗争日益激烈；俄罗斯先后战败瑞典和土耳其，成为欧洲强国，但普鲁士的强大成为俄进一步南下扩张的严重障碍；瑞典想趁机从普鲁士手中夺取波美拉尼亚。在这种情况下，各国积极展开外交，寻求同盟，欧洲列强逐渐形成以英、普为首和以法、奥、俄为首的两大同盟集团，战争不可避免。

提供了明确的目标。

　　负责监视的 4000 名普军骑兵在联军攻近时，如尖楔一般插入敌人的正面和右翼。贾纳斯山上的普军炮兵同时向联军发出猛烈的火力，扰乱了联军的整个队形。在普军的攻击下，联军溃败，损失 8000 余人，普军仅伤亡 500 余人。

　　贾纳斯山大战结束后，腓特烈并没宿营过冬，而是采取突袭策略，连连打击联军。12 月 4 日，联军在鲁腾占领了一个较好的防御性阵地，它的前面是一片开阔的平原。沿着阵地，联军排列阵形长达 5.5 英里，兵力是普军的 3 倍。5 日凌晨，对地形极为熟悉的腓特烈发现敌人阵地过长的弱点，于是派小股骑兵佯攻联军的右翼，把优势兵力隐蔽起来，以防止作战

意图的暴露。受到攻击的右翼联军误认为是普主力军，遂从预备队和左翼调兵支援，左翼兵力薄弱。腓特烈立即命主力军由 4 支纵队变为 2 支纵队，采用斜切战斗队形向敌人左翼发起突然袭击。局部人数占优的普军使联军阵形大乱，不久便溃不成军，普军骑兵趁势猛冲敌人阵地。双方激战至夜幕降临，联军全部崩溃，其中奥军遭到毁灭性的打击。随后的时间里，普军和联军互有胜负。

　　1759 年 8 月 12 日，俄奥两军联合在普鲁士腹地库勒尔斯多夫与普军展开会战。仅有 2.6 万人的普军仍采用主动出击策略，向拥有 7 万余人的俄奥联军阵地发起长达 3 个小时的猛烈炮轰，随后以斜切队形发起进攻，顺利夺取了米尔山阵地，向联军中央阵

七年战争结束后，腓特烈大帝胜利返回首都柏林。

腓特烈二世不但建立了强大的军队，而且鼓励工商业发展，使得普鲁士成为 18 世纪日耳曼民族中最强盛的国家。直到今天，德国人仍然认为，腓特烈大帝是有史以来日耳曼民族最伟大的帝王。

地发起冲击。联军被迫顽强防守，猛烈的炮火阻击住普军精锐骑兵的进攻。接着，联军展开猛烈的反攻。已精疲力竭的普军抵挡不住敌人的冲击，纷纷逃离战场。

这次战役成为七年战争的转折点，从此，普军元气大伤，被迫转入战略防御。战争随后又拖了4年之久，双方各有胜负。英法海上战争十分激烈，各联盟之间战争不休，欧洲陷入一片混战之中。1762年，英国人背弃了普鲁士，率先与法国单独缔结停战协议，使普鲁士陷入孤立。交战各国这时都已筋疲力尽，无心再战，遂相继签订停战协议，一场席卷欧洲的战争宣告结束。

普军与奥军的激战

1757年5月，普军向布拉格发起进攻，奥军被迫退守城内。为解布拉格之围，奥军一部向布拉格开进，普军亦派一部迎击，两军在科林附近遭遇激战。

这次战争英国获得了大片殖民地，成为最大的赢家，普鲁士也巩固了在德意志的地位，已经可以和奥地利分庭抗礼了。同时，这场战争对军事学术的发展很有影响，战争中暴露了以平分兵力和切断敌方交通线为主要特征的警戒线战略和呆板的线式战术的弱点，显示了野战歼敌的优越性。各国都吸取了腓特烈军事改革的一些经验，腓特烈自己也完善了其军事理论，特别是连续运用内线作战集中兵力各个击破敌人，坚决连续进行会战夺取战略要地，歼灭敌人有生力量，从而保住了普鲁士的生存。

双方策略战术

七年战争中，腓特烈采用主动进攻、抢占主动权的策略，巧妙地运用机动灵活的突袭战术，以小股部队牵制敌人，集中优势兵力，各个击破。在战斗中，他能使各兵种配合尽善尽美，在绝大多数会战中能以少胜多，赢得主动。法奥俄联军虽人数占优，但内部目标不同，形不成合力，给敌人以可乘之机。

重要意义

七年战争使英国真正成为海上霸主，法国受到削弱，俄国加强了在欧洲强国地位，普鲁士的特殊地位在德意志得以巩固，欧洲格局发生了较大变化。

美国独立战

——莱克星顿枪声的响起

交战双方：美国军队和法国援军
英国军队

交战时间：1775 年 4 月 ~ 1783 年 9 月

双方将帅：美国统帅为华盛顿
英国统帅为威濂·豪、伯戈因等

双方投入兵力：美国军队共计 10 余万人
英国军队共计 9 万人

双方使用兵器：长枪、火枪、火炮、军舰等

交战结果：美军最终战胜英军，美国独立

历史回顾

1774 年 9 月 5 日，英属殖民地代表在费城成立美洲"大陆会议"，并秘密组织民兵武装，在康科德备有军需物资库。这一消息被英殖民者麻省总督盖奇知道后，于 1775 年 4 月 18 日派史密斯上校带兵收缴。民兵在莱克星顿打响了第一枪，但是却牺牲 18 人。毁掉军需物资的英军在撤退时受到全莱克星顿人民武装的包围，英军且战且退，伤亡 259 人。

莱克星顿一战是美国独立战争中的第一次战役，它震动了整个北美殖民地。民兵迅速集合起来，包围了波士顿。5 月 10 日，大陆会议在费城召开第二次会议，决定成立一支真正的革命军队——大陆军，由华盛顿任总司令。

缺枪少弹的大陆军凭借满腔热情，攻占了加拿大的蒙特利尔，打退了波士顿的英军，击败了南部查尔斯顿的殖民者。1776 年 7 月 2 日，大陆会议通过了《独立宣言》，大陆军成为合众国武装。整个北美殖民地人民情绪激昂。华盛顿率领军队接

从16世纪开始，北美洲逐渐成为欧洲列强的殖民地，各国都有移民移居北美。经过100余年的发展，美利坚民族渐渐形成。18世纪中叶，英国在北美大西洋沿岸建立了13个殖民地，并阻止当地资本主义经济的发展，企图把这些殖民地变成英国工业品的销售市场和廉价原料的供应地，加大对殖民地的掠夺与压榨。英法七年战争结束后，英国在殖民地增加税收，控制出海权，把战争损失转嫁到北美人民的身上，双方矛盾日益激化。英为独占西部，禁止向西移民，切断了北美人民的谋生之路，同时也限制了资产阶级对西部的开发，北美人民不断反抗，从经济、政治斗争渐渐演变成武装冲突。

连取得胜利，迫使英军退出新泽西州中西部。

大西洋沿岸的北美战场极为狭长，对英军不利。英军欲以加拿大为基地，先平定北部新英格兰和纽约的美军，再向中南部推进。伯戈因遂带领加拿大英军南下，计划与纽约豪的驻军会合。豪改变计划南下，伯戈因失去接应而孤立。新英格兰境内的民兵不断阻击和骚扰，伯戈因无法获得充足的补给，行动迟缓。

9月19日，处于困境的伯戈因决定放弃交通线，破釜沉舟向南进发，在弗里曼农庄向美军发起进攻。美军的顽抗使英军损失惨重，伤亡600余人。10月7日，英国再次进攻，又遭到美军痛击，伯戈因被迫撤退。10月12日，退到萨拉托加附近的伯戈因发现被追击的美军包围，只好投降。16日，与美签订《萨拉托加条约》。

萨拉托加的胜利，是美国独立战争的转折点。国际反英势力纷纷支援美国，法、西、荷等国相继对英宣战，英国在国际上处于孤立状态。

英军将战略重心转移到南方，先征服佐治亚州，又逼降查尔斯顿的美军，随后攻占了南卡罗米纳。1780年12月，华盛顿任命洛林为南部美军总司令。洛林将部队分散开来，展开游击战。1781年1月17日，在考彭斯全歼英军1100人。3月15日，在吉尔福德重创英军。同时，法舰队在海上与英军周旋，大大牵制了英军的陆上攻势。

1775年4月18日黎明，在莱克星顿公有草地上，身着红制服的英军向殖民地民兵开火，英勇的民兵扑向英国殖民军，打死打伤247名英国轻步兵，殖民军仓皇地逃回波士顿。这一役揭开了北美独立战争的序幕。

1781 年 10 月 19 日下午 2 时，最后一支英军在约克镇投降，胜利的美军奏起了当时的流行乐曲《世界变得天翻地覆》。1783 年 9 月 3 日，双方签订和约，承认美国独立。美国独立战争是第一次殖民地人民争取独立解放的资产阶级革命，推动了 18、19 世纪的资产阶级革命浪潮。

4 月，美军在法西荷等国海上舰队的配合下，开始大规模的反攻，迫使英军退守海岸线。8 月，英统帅康沃利斯将南部主力集中在弗吉尼亚半岛上的约克敦，以便与纽约驻军相互策应。华盛顿率领美法联军 1.6 万余人，从水陆各方包围了约克敦，切断了英军与纽约驻军的联系。10 月 9 日，联军发起总攻，分别从左右两方同时向约克敦发炮。火炮的巨大吼声持续了十八九个小时，英军逐渐支持不住。16 日，试图从海上逃跑的英军又因暴风吹散了准备好的船只而无法撤离。17 日，失去反攻能力的英军只好投降。

1783 年 11 月 3 日，美英签订和约，英国承认美国独立。美国独立战争宣告结束。

双方策略战术

美军凭借顽强的斗志、人民群众的激情，与英殖民军展开英勇激战。美军充分采用小型队形，运用游击、迂回、骚扰等灵活战术，消耗敌人，围歼敌人。同时积极进行外交活动，争取国际社会的援助，孤立敌人，牵制敌人，最终赢得战争的胜利。英军因战线过长，补给困难、内部意见不统一，造成相互之间不能形成合力。

重要意义

美国独立战争是世界上第一次大规模的殖民地人民争取民族解放的资产阶级革命，它打碎了英殖民统治，实现了美国独立，掀起了美洲殖民地人民谋求独立的革命浪潮，开创了资产阶级革命的新纪元。

《独立宣言》公开宣读后，激动的纽约市民冲到百老汇街尾的滚木球游戏草坪，捣毁乔治三世的塑像。

奥斯特利茨之战

——战争之神的精彩杰作

交战双方：法国军队
　　　　　俄奥联军

交战时间：1805 年 12 月 2 日

双方将帅：法国统帅为拿破仑
　　　　　俄奥联军为库图佐夫

双方投入兵力：法国军队 7.3 万人，250 门火炮
　　　　　　　俄奥联军 8.6 万人，350 门火炮

双方使用兵器：刀剑、火枪、火炮等

　　　　　交战结果：法军大胜俄奥联军

拿破仑越过圣伯尔纳山　法国　大卫

历史回顾

　　拿破仑采用急行军，25 日内从大西洋沿岸转移到莱茵河西岸，行程 800 公里。驻守在乌尔姆要塞的奥军被从天而降的法军打了个措手不及。法军一举拿下乌尔姆，于1805 年 11 月 13 日乘胜直扑奥地利首都维也纳。维也纳失守，奥军被迫北移，与南下的俄军会合，势力大增。拿破仑率法军紧追溃败的奥军，至布吕恩地区时知道俄奥会师后，遂停止前进，抓紧组织兵力，在周边寻找有利阵地，准备与联军决战。

历史背景

　　第二次反法同盟瓦解后，英国对法国在欧洲大陆的称霸极为不安，为了遏制法国的势力，一面封锁海岸线，进行经济战争；一面加强外交活动，争取再一次组成反法同盟。拿破仑在法国沿岸建立了庞大的军营，欧洲各列强也都加紧进行军事准备。1805年，英俄奥瑞和那不勒斯结成欧洲第三次反法同盟。奥军西进，俄军南下，并拟会师后对法进行攻击。拿破仑获悉后，放弃登陆英国的计划，率军东进。集中兵力攻击奥军，阻止俄奥两军会合。

　　在俄奥联军进驻的奥斯特利茨的西南部，是一些湖泊和鱼塘组成的水网沼泽地带，与利塔瓦河相连。于是拿破仑准备利用右翼的湖泊、河流、水塘等有利地势，设置阵地。法军先攻下湖泊北面的制高点普拉岑，开始观察联军动向，准备战斗。

　　联军统帅库图佐夫并不急于进攻，而是等待援兵的到来。本来人数处于劣势的拿破仑更怕拖延时日。于是他巧施妙计，散布法军兵力薄弱，要与联军进行停战谈判，并让士兵衣衫不整，做出懒散松懈之态，诱惑敌人。沙皇亚历山大一世对谣言信以为真，不顾库图佐夫的反对，命令联军进攻。俄奥联军兵分五路，打算主力军从南面采取迂回策略进攻法军右翼，从而切断拿破仑与维也纳的联系，进而实现五路合击，将法军消灭在布吕恩。拿破仑识破敌人意图，他将计就计，为诱使敌人加速进攻，他主动命令守兵撤出利于防守的战略要地普拉岑高地，引诱联军进入普拉岑的南部。

　　12 月 2 日早晨 7 时许，误认为法军胆怯的联军向法军仓促地发起进攻。俄奥联

拿破仑在奥斯特利茨大会战前夕的战场上

拿破仑具有卓越的军事才能及敏锐的观察力，他能随时准备因时因地调整作战策略的指挥手段，这些再与细致入微的侦察措施、精湛的炮兵战术相结合，法军取胜也就不足为怪了。

军首先以猛烈的炮火进行轰炸，普拉岑高地的法军迅速向南撤退。拿破仑命不足万人的小股军队在右翼顽强抵抗，牵制住联军主力。为保障左翼联军进攻的顺利进行，俄奥联军把普拉岑高地上的预备纵队撤下，投入左翼的进攻。

普拉岑高地位于整个战场的中央，是战场的制高点，战略位置极为重要。联军撤出预备纵队后，使高地和中央形成空当。坐镇指挥的拿破仑怎么会失去这一有利时机，他立即下令派一支精锐部队冲上普拉岑高地，把联军分割成南北两部分，切断了他们之间的联系。拿破仑指挥主力兵向联军薄弱的中央和右翼发起攻击。9时，法军主力以大纵深的战斗队形切入敌人阵地，法军成三面夹击之势，联军右翼很快被击溃。

高地被夺，联军感觉不妙，遂调集全力反扑。高地上法军猛烈的炮火把联军压制在高地以南、扎钱湖以北地带。孤立无援的联军欲向前冲破敌人的截击，但负责牵制联军的法军在前面紧紧咬住，联军无法突破。

此时，拿破仑下令开始总攻。左翼法军主力击溃右翼联军后右转，从侧翼和后方威胁联军主力，受到三面围攻的联军顿时大乱。在高地法军炮火的配合下，前后法军向联军猛冲。严寒的冬天，扎钱湖已结成厚冰，惊慌的联军忙不择路，向没有法军的北面冰面上溃逃。拿破仑下令集中炮兵向湖面发起猛轰。冰层被炮弹击碎，挤作一团的联军沉于冰冷的湖水中，冻、淹死者数以千计。俄奥两国皇帝和受伤的库图佐夫狼狈逃走，剩余的被俘，法军却损失不到万人，反法同盟随之瓦解。

双方策略战术

奥斯特利茨战役，充分体现出拿破仑杰出的统帅才能，战争中在兵力处于劣势情况下，他巧妙运用地形，诱敌深入，以小部队牵制敌人主力，局部集中优势兵力突袭，善抓战机，从而围歼敌人。联军对对方估计不准，并且军队指挥不统一，贸然进攻，导致整个战局的失败。

重要意义

这次战役，使欧洲第三次反法同盟瓦解，中欧成了法国保护的莱茵联邦，奥皇被迫解散"神圣罗马帝国"。

俄奥联军惨败奥斯特利茨

在这次战役中，联军损失超过2.6万人，其中1.5万人战死，超过1万人被俘。此外还损失了186门大炮，45面军旗。法军仅伤亡8500人，损失1面军旗。

拉美独立战争

——多洛雷斯的呼声

交战双方： 拉丁美洲起义军
西班牙军队
交战时间： 1810 年～1826 年
双方将帅： 拉美起义军有玻利瓦尔、圣马丁
西班牙军队有莫里略、拉塞尔纳
双方投入兵力： 起义军共约 1 万余人
西班牙军共约 2.5 万人
双方使用兵器： 刀剑、火枪、火炮等
交战结果： 西班牙惨败，拉美各国纷纷独立

玻利维亚士兵像

历史回顾

1810 年 9 月 16 日，47 岁的教士伊达尔戈在墨西哥北部偏远的一个多洛雷斯村，率领几千名印第安人，高呼"独立万岁"、"美洲万岁"，"打倒坏政府"等口号，举起义旗。"多洛雷斯的呼声"从此传遍拉美的东南西北，北起墨西哥，南到阿根廷等广大地域的人民掀起独立战争的高潮。

1811 年 4 月，委内瑞拉宣告独立，成立第一共和国。但在 7 月 29 日被西班牙军队击败。失败的起义军在玻利瓦尔的领导下，转入新格拉纳达继续战斗。在人民的支持下，起义军再次攻进委内瑞拉，一举赶出殖民势力，第二共和国诞生。但势力较弱的起义军并没有保卫住自己的成果，1813 年 9 月，第二共和国再次失败。

拉美的反抗，使西班牙当局极为惊慌。国王斐迪南七世派莫

这是一幅 1825 年的象征画，用以纪念秘鲁独立解放运动领袖玻利瓦尔。玻利瓦尔有句著名的誓言：只要祖国一天不从西班牙统治下获得解放，他就要奋斗一天。由于他在使南美五个国家——哥伦比亚、委内瑞拉、厄瓜多尔、秘鲁和玻利维亚——从西班牙的统治下获得解放所起的作用，人们常称他为"南美的乔治·华盛顿"。

里略率 1.6 万人增援美洲地区。起义军陷入了最艰苦的时期，各地起义纷纷遭到打击。从海上袭击敌人的起义军也遭到重创，起义军被迫展开游击战，他们从失败和挫折中总结经验，吸取教训。1816 年 12 月，玻利瓦尔率领新组织的力量又一次对委内瑞拉发动进攻，所到之处横扫殖民军队，委内瑞拉第三共和国宣告成立。1819 年 2 月，玻利瓦尔被选为总统。

委内瑞拉的胜利，鼓舞了起义军的士气，玻利瓦尔乘胜翻越安第斯山，远征新格拉纳达，在波耶加一举击败殖民军，直扑波哥大。1819 年 12 月宣告了哥伦比亚共和国的独立。不甘心的西班牙殖民军调集军队，对起义军展开反扑，但是，屡战屡胜的起义军势不可挡。1821 年 6 月，西班牙殖民军进入起义军在卡拉沃沃平原的阵地，双方经过猛烈的炮轰和激烈的拼杀，殖民军受到了重创，趁势起义军占领了加拉加斯。次年 5 月，起义军开始做解放基多城的准备，双方在皮钦查展开了大会战，凭借顽强的勇气和视死的斗志，起义军取得了决定性的胜利，6 月，整个新格拉纳达地区全部解放。

北部起义军的节节胜利，鼓舞着南部起义军的士气。1818 年 4 月 5 日，在圣马丁的指挥下攻进智利首都圣地亚哥，赶跑殖民军，智利独立。殖民者退到秘鲁。1820 年 8 月，圣马丁经海上北上秘鲁，顺利攻占秘鲁总督区首府利马，秘鲁获

历史背景

到 16 世纪中叶，西班牙凭借海上优势使拉美的广大地区成为殖民地，并通过政府、宗教和军事，对拉美人民进行残酷的剥削和掠夺，给当地人民带来巨大的灾难。随着欧洲经济的发展，殖民地经济也有一定起色，并出现了一定的资本主义经济关系，启蒙思想得到了传播。随着殖民地和统治者之间的矛盾日益加剧，人民的反抗情绪与日俱增。伴随着西班牙在欧洲地位的败落，拉美人民的起义高潮迭起。

墨西哥独立运动中的英雄们

墨西哥起义军与西班牙殖民军展开了激烈的战斗。1811 年伊达尔哥被敌人俘虏、英勇就义，人民把他发出"多洛雷斯呼声"的日子——9 月 16 日定为墨西哥独立日，并尊他为"墨西哥独立之父"。

得独立，圣马丁被共和国授予"护国公"。

"多洛雷斯的呼声"传遍拉美南北，但墨西哥的局势却相对平静，各地起义军以游击战为主。法国攻进西班牙首府，给起义军提供了良好的契机。1820 年，教会势力代表、掌握着军权的伊图尔维德率军暴动，配合起义军反抗殖民军。次年就攻下了墨西哥城，至此墨西哥也宣告独立。

1822 年 7 月，南北双方的起义领袖圣马丁和玻利瓦尔在瓜亚基尔会面，双方对协同作战和战后安排未能形成一致意见后，圣马丁隐退。玻利瓦尔于 1823 年 9 月进入尚未完全解放的秘鲁。次年 8 月在胡宁平原痛击殖民军。12 月，仍做垂死挣扎的殖民军拉塞尔纳集结 9000 余人准备与起义军决战，仅有 5000 余人的起义军在苏克雷的指挥下，在阿亚库乔和敌人相遇。苏克雷巧施妙计，歼灭敌军 5000 余人，殖民总督、众多将军和军官都未逃过此劫。1825 年秘鲁全境解放。1826 年 1 月，起义军趁势攻克殖民地最后一个据点卡亚俄，拉美地区基本全部解放。

双方策略战术

拉美独立战争中，在战略上，起义军依靠群众，坚持游击战、持久战，消耗敌人；同时各起义军相互配合、支持，善于利用对方国内矛盾重重的良机；西班牙军国际上孤立，国内矛盾激化，对战争不能形成统一的意志。

重要意义

拉美独立战争，结束了西班牙在拉美 300 年的殖民统治。各民族获得独立，确立共和制，使奴隶制和封建专制受到严重打击。这场战争是世界历史上一次影响深远、意义重要的民族解放战争。

拿破仑时代的骑兵装备

历史上，骑兵包括主要用于侦察、掩护和联络任务的轻骑兵，用于突击的重骑兵，以及骑马上战场而徒步作战的龙骑兵。重骑兵被用来对付骑兵和步兵，其人高马大且雷霆万钧的攻势足以令最沉着的士兵望风而逃，虽然对于即便最好的骑兵来说纵马踩倒哪怕是原地不动的步兵都是十分困难的。在重骑兵中，最典型的莫过于胸甲骑兵，它在军中树立的威望令其一直延续到20世纪早期。目前世界上的主要军队里，仍有一些国家还保留颇多骑马的骑兵。

在骑兵的发展史中，拿破仑在19世纪初发展出骑兵掩护部队与骑兵后援部队相配合的观念。掩护部队确定敌人地点后，拿破仑以轻骑兵和先锋部队盯住敌人，然后以炮兵炸开敌人缺口，骑兵后援部队便由此缺口拥入，发动猛攻，击敌于措手不及之中，并追击逃脱者。不过，这种作战方法也有失败的例子：1807年在艾劳，骑兵过早攻击；1813年在莱比锡，骑兵兵力太弱；1815年在滑铁卢，因地势崎岖，上坡的突袭无效。即便如此，在1812年俄罗斯战争以前，法国骑兵配合大炮及步兵，在欧洲战场上所向无敌。

法国胸甲骑兵在1870～1871年的普法战争中冲击德国士兵，仅其单个胸甲的重量就高达5.5～6.8千克。（右）

圈嚼子，一种无勒索的轻马衔

卡宾枪

这是1811年法国胸甲骑兵的武器装备，这种卡宾枪比步兵的滑膛枪要短，这样在马上便于携带。不过，经实践证明，这种枪更适合于哨兵和警戒部队使用。（下）

马勒，亦称马嚼子，马衔索

马镫

鞍垫

鞍垫置于马鞍后面，行军袋下面，马的后腿上。图中鞍垫两端边角处的手榴弹标记象征胸甲骑兵的杰出性能。此标记源于掷弹兵，掷弹兵一般被认为是最大、最勇敢的步兵单位，后来，此单位被用以代表精锐部队。（右）

将鞍垫扎在马鞍上的带扣

胸甲

这是拿破仑胸甲骑兵的钢胸铠，它非常坚硬，滑膛枪弹及剑刃均难以穿透它。（左）

背部的胸甲片上缀有黄铜保护层的皮肩带

能抵御滑膛枪弹射击的重钢片

前胸甲片

棉被似的衬里可防止金属片边缘磨蹭皮肤

头盔

这顶精工细作的头盔以钢为骨架，上有软毛头饰，顶端的鸡冠状蔷薇花样装饰内有长长的马鬃束一直拖至背部，这既可用于装饰，又可保护骑兵颈部。（左）

在特殊仪式下佩戴的羽饰

马鬃束

软毛头饰

表面覆以黄铜鳞片保护层的皮制帽带，系于下颌处。

马鬃

肩饰

长简靴

如此笨重的皮靴反倒令骑兵免于挤压之苦，尤其是当骑兵密集作战时。（右）

袖口上的镶边，其颜色为士兵所在军团制服的颜色

装子弹的盒子

这种具有黄铜柄、长而重剑身的佩剑是胸甲骑兵的必备武器。

环绕在腰上的剑带结，以防止剑出鞘而伤及人身或丢失。

远征俄国

——拿破仑饮恨莫斯科

交战双方：俄国军队
　　　　　法国军队
交战时间：1812 年 9 月 7 日
双方将帅：俄国统帅为库图佐夫
　　　　　法国统帅为拿破仑
双方投入兵力：俄军共计 20 余万人
　　　　　　　法军共计 60 余万人
双方使用兵器：马刀、火枪、火炮等
交战结果：俄军最终击垮法军赢得胜利

库图佐夫精于战术，尽管他让法国人在博罗迪诺一战中取得了表面上的胜利，而实际上他仍然没让拿破仑得到渴盼已久的决定性胜利。

历史回顾

　　1812 年 6 月 24 日，拿破仑调集大军 68 万人，火炮 1400 门，渡过尼门河，开始了对俄的入侵。拿破仑计划在维尔纽斯及其以东地区歼灭敌人主力。面对咄咄逼人的庞大法军，俄军采取主动撤退策略，法军紧紧追赶，但每次都落空。

　　俄军后退的同时，沿途实行坚壁清野，以阻滞法军前进。随着法军的快速深入，前后方出现脱节，补给发生困难。拿破仑命令部队停止前进，进行休整。这时，俄两路大军在斯摩棱斯克会合，组织防御工事。获得供给的拿破仑迅速向该地进军。8 月16 日，双方在斯摩棱斯克展开激战。俄军在法军猛烈的攻势下，顽强地抵挡三天后，终于招架不住，弃城继续后退。

　　俄军只退不打，俄国内部舆论哗然，怨声载道。8 月 29 日，沙皇任命库图佐夫为总司令对抗法军。深知撤退是正确决策的库图佐夫迫于舆论和沙皇的压力，决定与敌人展开一场会战。他把阵地选择在莫斯科以西 124 公里的博罗迪诺村附近。库尔干纳亚高

历史背景

19世纪初，拿破仑几乎征服欧洲各国，但英国始终不与法国议和。拿破仑为毁掉英国人的贸易体系，实行高压政策，使欧洲各国断绝与英国的经济交往，对英实行经济封锁。面临经济破产的英国认识到只有引诱俄国脱离欧洲大陆组织，英国才会有生机，否则英国只有屈服。在英国的说服下，沙皇接受了英国的货物。拿破仑对俄国的行为极为不满，为报复沙俄，拿破仑兼并了由亚历山大的小舅子德大公爵的赛尔登公国，开始对俄加强封锁。这使沙皇大怒，俄法关系迅速恶化。俄方要求法军撤到赛得河以西，遭到拿破仑的拒绝。拿破仑意识到战争不可避免，遂组织兵力东征俄罗斯。

地高踞周围地形之上，视野开阔，前方宽8公里，右翼为莫斯科河，左翼为难以通行的森林，后方是森林和灌木林，可隐藏预备军。在阵地上，俄军构筑了多面堡和钝角堡等完备的防御工事。库图佐夫企图以积极的防御手段达到最大程度杀伤敌人的目的。

9月7日，拿破仑率领13万大军开始进攻，在这种对己不利的地形上交战，拿破仑失去了军队的机动性，从两翼迂回包围阵地也是不可能的。如从南作纵深迂回，只能分散削弱兵力，可能导致被各个击破。拿破仑只好正面突击，他选择比较狭窄的地段，采取突破敌人防线直插敌后方的策略，实施强攻。

会战开始，双方都以炮兵对射发起进攻。在炮兵的掩护下，凶猛的法军使俄军退过科洛恰河，法军遂紧追过去，遭到猛烈火力的反攻，又被迫退回。凌晨6时，法军向钝角堡猛攻，虽说人数及火力都占优势，但法军仍被击退。7时许，法军又开始新一轮进攻，攻占了左边的一个钝角堡，俄军又以勇猛的反击夺回，双方这时都加强了兵力。法军对左右两个钝角堡发动第三次攻击，俄军也不甘示弱，抵抗极为顽强。这充分显示出库图佐夫在排兵布阵的艺术：他把俄军战斗队形纵深配置达3～4公里，使步兵、骑兵和炮兵之间配合默契，保障了积极防御的坚固性，

博罗迪诺一战中法军的方阵及炮兵使用情形

博罗迪诺一役标志着拿破仑的总决战战略濒临破产，连他也不得不承认俄军具有高度的精神战斗素质，他后来写道："在我一生的作战中，最令我胆战心惊的，莫过于莫斯科城下之战。作战中，法军本应取胜，而俄军却又博得不可战胜之权。"

使法军几次得手后又被迫放弃。双方进退反复，短兵相接，展开肉搏战。

为彻底突破俄军防线，拿破仑调集兵力实行猛攻。库图佐夫在此危急时刻，果断决定调强大的预备军袭击敌人左翼。战斗持续到18时，俄军仍坚守阵地，法军也没取得决定性胜利，但双方都付出惨重代价。法军伤亡2.8万人，俄军则为4.5万人。拿破仑遂退回出发阵地。

由于缺乏补给，库图佐夫遂撤回内地，积聚力量。9月14日，拿破仑进占了已成废墟的莫斯科。10月18日，俄军大举反攻，法军节节败退。12月，法军损失50多万人，拿破仑的侵俄战争以惨败而告结束。

博罗迪诺血战中的拿破仑在决战难求后，终于迎来了一个规模较大的战斗，可战后他不得不承认："博罗迪诺一战，法军表现出最大的勇气，却获得了最小的胜利。"

双方策略战术

俄军采用积极的防御策略，实行坚壁清野，拖耗敌人。在博罗迪诺会战中，库图佐夫充分利用地形，筑建坚固的防御工事，使队形纵深配置，三兵种密切配合，压住敌人机动迂回的战术优势，使敌人遭到最大程度的损失。

重要意义

拿破仑在俄国的失败，成为欧洲爆发反拿破仑战争的导火索，也成了拿破仑军队覆灭的标志。

1812年9月7日，博罗迪诺血战打响，双方死伤严重。俄军首领库图佐夫向莫斯科宫廷表现了一下，但他却精明地保留了军队的实力，他算得上两全其美，而拿破仑却只赢得了表面上的小小的胜利，没有达到歼敌主力的目的，等待他的将是战线的进一步拉长、军需的不足，以及天气的严寒等诸多艰难的情况。

日俄战争
——沙皇专制走向坟墓

交战双方：日本军队
　　　　　俄国军队
交战时间：1904年2月～1905年9月
双方将帅：日军统帅为大山郁夫、东乡平八郎、木乃等
　　　　　俄军统帅为克鲁泡特金、费特吉夫特等
双方投入兵力：日军约27万人
　　　　　　　俄军约30万人
双方使用武器：弹夹式步枪、机关枪、速射火炮、榴弹炮、
　　　　　　　地雷等
交战结果：日本取得胜利

历史回顾

　　1903年8月，日俄双方就重新瓜分中国东北和朝鲜进行谈判。已完成扩军备战的日本态度强硬，致使谈判破裂。1904年2月6日，日本断绝与俄国的外交关系。8月，日本不宣而战，海军舰队用鱼雷偷袭旅顺俄国舰队。几艘舰船被击沉后，俄舰队被迫退到港内，日军遂将旅顺港口封锁。

　　俄军面临着两个问题：一方面，陆上的支援和补给要经过西伯利亚铁路，从莫斯科到旅顺港约有6000英里，距离较远。并且贝加尔湖切断了西伯利亚铁路，所有运输物资在湖的一面必须卸下，运到对岸后再装列车，通常把一个营的兵力运到旅顺，需要一个多月的时间。另一方面，俄在东北有海参崴和旅顺两个港口，而冬季海参崴港口因封冻而不能使用，只有旅顺为不冻港，可作海军基地。基于此，俄陆军司令克鲁泡特金建议主力撤出辽东半岛，

在这幅漫画中，一个俄罗斯"食人妖"正准备吞下一个日本士兵。反映了当时内外交困的沙俄对于战争胜利的渴望。

1895年中日甲午战争后，日本侵占了中国的辽东半岛、"台湾"和澎湖列岛，这与旨在控制中国东北的俄国产生了矛盾。俄国联合德法出面干涉，迫使日本退出辽东半岛。日本统治者感到这是千古未有的耻辱，于是加紧军备，制订十年扩军计划，决心以武力同沙皇再度争战。俄国在中国东北的势力也迅速扩大，到1898年，整个东北三省沦为俄国的势力范围。1900年，中国爆发义和团运动，俄国借口"保护"侨民和中东铁路为名一举占领东北三省。这引起日本和英国的强烈不满，在英国的支持下，日本开始了对俄的复仇。

在哈尔滨集结，等候从莫斯科来的援兵，再进行反攻，击退日本军队，解救孤军死守的旅顺俄军。但由于俄军指挥层意见分歧，于是将主力军集结点改为辽阳，然后把兵力向旅顺推进。

此时，日本也在考虑作战计划，他们认清了作战的关键是海军，但如果陆上不给俄军以决定性的打击，是无法把俄势力赶出满洲的；对于日本来说，朝鲜半岛是一条比较安全的补给线，是进退自如的便利基地；来自俄军的海上威胁就是驻旅顺港的俄舰队，他们足可以切断日本的海上交通，制海权对日本是极为重要的。针对这些情况，日本一面引诱俄舰队接受会战，否则就封锁旅顺港口。一方面日陆军在舰队的保护下，从仁川登陆，控制朝鲜半岛，建立稳固基地后，用三个军团的兵力从朝鲜湾的北岸登陆向满洲的辽阳进军，以阻止俄南下支援旅顺。第四军团则围攻旅顺港，攻克后北上与前三个军团会合，在俄陆军增援未到前击败俄军。

反映日俄海战的版画

日本舰队对旅顺港实施闭塞和严密封锁，给躲在旅顺港内的沙俄太平洋分舰队出海作战造成威胁，迫使俄军向海参崴突围。双方在黄海海面上展开了激战，俄军惨败。黄海海战后，日军取得了海上主动权。

日军舰队司令东乡平八郎

东乡平八郎（1847～1934），日俄战争时，任日本联合舰队司令，在日本海海战中击败俄国舰队，因功赐伯爵。

5月初，日本在朝鲜站稳脚跟，便从朝鲜湾登陆满洲。25日，日军攻入金州，次日，攻下南山高地，占领了大连。旅顺港完全处于日军的包围中。

旅顺港有三道防御工事，依托地势，人工构建了堡垒和碉堡，并用高压有刺铁丝网包围，防御强度极高。日本连续发动两次总攻，采用坑道战、地雷战、炮轰战等均被顽强的俄军抑制住，日军损失惨重，但也攻占了周边一些关键性的阵地。俄军全部防御体系的总枢纽203高地仍控制在俄军手中。11月26日，日军向203高地发起第三次总攻。火力轰炸连续数天，日军付出1.1万人的血本，终于在12月5日登上203高地，旅顺港内的船只从这里尽收眼底。7日，俄舰船被全部击毁。1905年1月4日，日军占领旅顺，俄军投降。日军按计划北上与元帅大山会合，投入对俄主力的进攻。

2月23日，日军30万大军与俄31万大军在奉天展开最大规模的会战。双方正面都挖有堑壕、筑建的野战工事，交战极为激烈，直到3日10日，日军才攻克奉天，俄军向哈尔滨撤退。

5月9日，俄军波罗的海航队缓缓进入中国海域赶来支援。27日在对马海峡被日舰队全部歼灭。对马之战的失败，使俄国国内的人民忍无可忍，大多数城市爆发革命，沙皇专制制度接近崩溃边缘。9月，俄日双方都已力竭，在美国的说和下，双方签订和约。

双方策略战术

日俄战争中，俄国采取防御为主，集结援军以图反攻的战略。日军则以确保海陆交通线，分进合击，以正面进攻为主的策略。但俄军堑壕、铁丝网等坚固的防御战术，使日本付出惨重代价。

重要意义

日俄战役使沙皇专制走向坟墓，加速了俄国革命的到来。日本从此跻身于世界强国之列，亚洲各国人民反对帝国主义的斗争继续高涨。

第一次世界大战

——重兵器时代的血腥

交战双方：同盟国军队
　　　　　协约国军队

交战时间：1914 年～ 1918 年

参战国家：同盟国有德、奥匈、土耳其、保加
　　　　　利亚等
　　　　　协约国有英、法、俄、日、意、希
　　　　　腊、美、中、比、罗马尼亚等

双方使用武器：飞机、潜艇、坦克、高射炮、
　　　　　　　远程炮、毒气弹、烟幕弹、鱼雷、
　　　　　　　水雷等

交战结果：协约国战胜同盟国

一战中协约国的征兵海报

历史回顾

　　1914 年 6 月 28 日，奥国皇位继承人斐迪南夫妇在波斯尼亚首都萨拉热窝检阅完
军事演习后被枪杀，这给渴望战争的帝国列强提供了绝好的机会，于是第一次世界大
战爆发。

　　交战国都鼓吹本国进行的是"保卫祖国"的正义战争，并维护不能听任强国不
顾国际信义而蹂躏弱小国的原则。大战的主要战场是在欧洲大陆进行。分四条战线：
西线为英法比军队与德军对抗；东线为俄军同奥匈德军队作战；巴尔干战线和意大利
战线；此外还有近东、高加索战线。

　　德国为展开东西两线的攻势，采用速决战战略，东线只用少数兵力牵制，抵御俄
军；西线采取集中优势兵力，用强大军力欲在巴黎以东一带加以歼灭后，主力转入东
线打败俄国。8 月 4 日，德军侵入比利时。比法军民的顽强抵抗，使德军计划连连受阻，
并付出了死伤 4 万余人的代价。9 月 5 日，德军进攻中暴露侧翼。8 日英法联军趁机楔入，
迫使德军撤退。联军转入反攻，15 日受阻于埃纳河一带。这就是大战以来第一次大规

历史背景

19世纪末和20世纪初，随着世界资本主义经济的迅速发展，各列强积极推行对外扩张和侵略政策，世界领土被瓜分殆尽。但列强们占领的殖民地却极不平衡，它们之间的矛盾日益尖锐，世界格局发生变化，逐渐形成以德、奥、匈为主的同盟国和以英、法、俄为首的协约国两大集团。为重新瓜分殖民地，帝国主义国家加紧扩军备战，并不断制造危机，引起局部战争。这更使各列强之间矛盾升级。

模决战——马恩河战役，它打破了德军计划6天战败法国的速战计划。至此西线转入防御阵地战，虽发生多次大的战役，但双方进退不大，成僵持状态。

东线的俄军先攻入东普鲁士，但在9月进行的会战中，俄军遭到德军重创后，退出东普鲁士。巴尔干战线奥匈军队与塞尔维亚军队也未分胜负。战局的发展，彻底打碎了德国及同盟国的战略计划，使其处于不利地位。

1915年，德军调整作战方案，在西线进行战略防御，主攻东线俄国，企图首先打败俄国，以摆脱两线作战的困境。德奥联军对俄军两翼实施战略迂回，突破俄军防线。俄被迫放弃波兰、立陶宛等地，大幅度东移战线，损失了110万人。巴尔干战线的同盟军以优势兵力征服了塞尔维亚和门的内哥罗，但未改变战略上的不利地位。俄国并未退出战争，德军被迫两线作战。

一年半的战争，使双方损失惨重，由原来的运动战相继转入阵地相持，战略计划转移到实施重点进攻和局部进攻。

英国最先将坦克投入战争，第一次世界大战后期法国也很快制造出自己的坦克并用于攻防作战。第一次世界大战中，英法两国共制造了近万辆坦克。第一次世界大战证明了坦克是一种威力强大的武器，战后各国开始研制并装备各种坦克。

1916 年，俄军实力大减，德军却把战略重心转到西线。2 月 21 日，德军以 50 个师的强大兵力对法战略要地凡尔登实施重点攻击，企图消耗法军兵力。空前猛烈的炮火和勇敢的将士冲击，并没能摧毁法军的防御。为减轻凡尔登的压力，试图突破德军防线的英法联军于 6 月 24 发动索姆河攻势战。英法付出 62 万人的损失，虽然未突破防线，但牵制了凡尔登战场上的德军。12 月 18 日法军收复了凡尔登周围全部失地，被称为绞肉机的凡尔登战场上，躺下德、法 70 多万士兵。

为支援凡尔登战役和意大利战线，东线俄国于 6 月 4 日开始把战线前推。9 月，俄军以 100 万人的代价，使奥军损失 60 万人，重新占领加里西亚大部分。

德军重点进攻和局部进攻战略再次落败，巨大的消耗使其逐渐丧失了战争主动权。海军方面通过 5 月 31 日发生的日德兰海战，德海军被封锁在港内，这使德军被迫转入战略防御。

1917 年，德军在各条战线上基本采取守势，并将注意力集中在潜艇战中。协约国发动过几次进攻。尤其是 11 月 20 日发动的康布雷战役。在坦克、飞机、炮兵、步兵的协同作战下，英军取得了战术上的成功，但产生的影响并不显著。

为迫使英国投降，2 月 1 日，德主力实施无限制潜艇战。无限制潜艇战使美国利益受到威胁，德又与墨西哥密谋反美，激起了美国人的愤怒。4 月 6 日美对德宣战，与协约国一同参与护航，采取反潜艇措施。德军计划又一次失败，这也加速了战争的进程。

3 年多的战争使参战国经受了巨大的人力、物力、财力损失。俄国的退出和美国的参战，使局势更为复杂。

作为德国停战代表团成员，埃尔茨贝格尔只能屈服于协约国的要求，这样可以把他的部队从被歼灭的危险中拯救出来。

怀念永驻

西部战线建有许多纪念碑。在凡尔登，壮丽肃穆的法国国家纪念碑表达了对1.3万名无法辨认身份的法国和德国士兵的哀悼。另外，在索姆河谷，建有410座英国非教会所属公墓。

纪念品

大量罂粟生长在西部战线上。许多士兵像上左图的杰克·默德，把它们做成标本寄给家里的爱人。默德把图中这朵罂粟送给了他的妻子莉兹（右）。1915年，加拿大医生约翰·麦克写了一首诗《佛兰德花地》。这首诗激发英国士兵销售大量纸罂粟花，一方面用所得的钱来治疗伤兵，另一方面也作为对死去的同胞的纪念。

一战后，各国代表在《巴黎和约》上签字。

1917年11月7日，俄国爆发了十月社会主义革命，以列宁为首的苏维埃政府宣布退出帝国主义大战，德国又鼓起了战争勇气，可以集中兵力对西线作战。德军统帅部把英军作为攻击的首要目标，企图击败英军后占领法国海岸，而后围歼法军。3月，德军集结190多个师连续发动四次战役，在英法联军的抵抗下，损失70多万人。7月中旬，德军的进攻力量枯竭。

美国军队陆续赶到，增强了英法打败德军的决心。7月24日，协约国制订反攻计划：先打通被德军在马恩河、亚眠、圣米耶尔切断的铁路交通，然后实施全面反击，彻底打败德军。

7月18日，大规模反攻开始，经过埃纳—马恩河战役、亚眠战役和圣米耶尔三场战役，德军节节败退。9月26日，联军总攻开始，28日，德军兴登堡防线全面崩溃。29日，同盟国保加利亚投降。接着土耳其、奥地利相继签订停战协议。11月11日，德国终于在巴黎东北贡比涅森林的火车厢里签订停战协定。第一次大战结束。

双方策略战术

战争中，德军以两线作战，采取东线防御，西线进攻策略，取得一定优势。随着战局的发展，其战略决策由西线转入东线，实施重点进攻和局部进攻到战略防御与潜艇战。惨重的消耗，对敌人估计过低和美国的参战，使德军走向失败。协约国协同作战，并采取坚固的防御策略，成功地多次打破德军计划，为战略反攻战败德军奠定了基础。

重大意义

第一次世界大战给参战国造成惨重损失，4000万人伤亡，直接损失1516亿美元，使欧洲工业倒退8年，欧洲走向没落，美、日趁机兴起。战争中俄国建立了第一个社会主义国家，开创了人类历史的新纪元。武器装备和军事技术的飞速发展及先进武器的广泛应用，使战争样式发生重大变化，为战后军事学术的发展提供了实战经验。

凡尔登会战

——战争史上的绞肉机

交战双方：德国军队
　　　　　法国军队

交战时间：1916 年 2 月 21 日～1916 年 12 月 18 日

双方将帅：德国统帅为法金汉、德国皇太子
　　　　　法军统帅为菲利浦·贝当

双方投入兵力：德军 120 余万人
　　　　　　法军 160 余万人

双方使用武器：德国以喷火器、毒气弹、
　　　　　　超大口径火炮等武器为主
　　　　　　法军以轻机枪、超级重炮
　　　　　　等武器为主

交战结果：德军付出惨重代价而撤退

POUR LA PATRIE
Reposez, Camarades!

这张明信片表明了法国人民争取胜利的决心，图中一名手持刺刀的护士守护在两位年轻士兵身旁，标语是："为了祖国。休息吧，同志。"

历史回顾

　　法国总司令霞飞无暇顾及凡尔登要塞，驻守要塞的兵力只有 4 个师 10 万人，270 门大炮，且各炮台早已弃之不用。但凡尔登要塞的防御工事却异常坚固，由 4 道防御阵地组成，其中前 3 道是以战壕、掩体、土木障碍和铁丝网等组成的野战防御工事，第 4 道防御阵地则由永久工事和两个堡垒地带构成。

　　德国总参谋长法金汉意识到负责进攻凡尔登的德国皇太子不可能仅通过一次奇袭就能攻取要塞。于是法金汉准备在凡尔登与法军进行一场消耗战，用一场规模空

前的炮轰，以最小的代价取得实质性的初步胜利，以挫败法军士气，进而剿杀法军的一切反攻。

1916年2月21日早晨，法金汉调集10个师27万兵力，近千门大炮和5000多个掷雷器，以数量和力量压倒法军的优势分布在12公里长的前沿阵地上。7时许，德国炮兵开始实施强大的炮火攻击。铺天盖地的炮弹倾泻在法军的野战防御阵地上。德国的新式武器16.5英寸口径的攻城榴弹炮将一颗颗重磅炮弹射向坚固的工事；掷雷器发射的装有100多磅炸药和金属碎片的榴霰弹，使法军堑壕成为平地；5.2英寸小口径高射炮使法军惊慌失措；喷火器把法军前沿阵地变成火海。持续了8个半小时，200万

法军在战争后期对德军进行大反击
凡尔登会战是典型的阵地战、消耗战，双方参战兵力众多、伤亡惨重。战役中，法军野战工事与永备工事相结合组织防御的经验，成为大战后各国修建要塞工事的依据。

发炮弹的轰炸，把要塞附近三角地带的战壕完全摧毁，森林被烧光、山头被削平，法军前沿完全暴露出来。炮火刚息，德军步兵便以纵深战斗队形以散兵线分梯队向法军防线冲击。虽然士气高昂的法军凭借剩余工事奋勇抵抗，击退了德军的一次次进攻，第一道阵地还是被德军占领。德军随后又进行了4天的轰炸，攻占了法军外围据点之一杜奥蒙特堡。但德军的伤亡远超过他们的预料。

杜奥蒙特的失守，使法军统帅霞飞如梦初醒，他一面命令守军不惜一切代价死守阵地，一面命令最优秀的将领贝当增援凡尔登。

贝当在马斯河左岸加强法军的炮火力量，用法国的新式武器轻机枪和400毫米超级重炮装备部队，重振士气，并在前沿阵地划定一条督战线，后退者格杀不论。

整个凡尔登会战成了屠杀场，枪炮、喷火器、毒气弹成了残酷的屠夫。德军的伤亡也达到了极限，前沿阵地堆满尸体。7月份，双方仍相持不下，德军仅前进了七八公里，但已攻下沃克斯堡。

眼看凡尔登被攻破，此时，俄军突破奥地利防线，英法联军在索姆河战役中击败德军，这迫使法金汉分兵火速去救援。

1916年10月24日，法军开始反攻。他们采用小纵队分散指挥的战术，迅速收回了杜奥蒙特和沃克斯堡。德军被迫撤退出凡尔登。

凡尔登战役，法军几乎全部军力投入其中。德军也有44个师加入战斗，双方伤亡人数超过70万人，可谓是战争史上的绞肉机。

双方策略战术

在这场战争中，德军以大量消耗法军的兵力和士气为战略目的，采用以优势火力从正面突击的策略，摧毁敌人的野战防御工事，并用纵深战斗队形分次推进的战术对敌人实施冲击。而法军采用防御反击策略，凭借坚固的野战防御工事，有效地阻击了德军的正面进攻，并且善抓时机，采用小纵队分散指挥的战术，击退德军。

重要意义

凡尔登战役是第一次世界大战中具有决定性的一次战役，虽说德军达到了消耗法军的目的，但自己也遭到无法弥补的人力、物力上的巨大损失。德军士气从此低落，各条战线的困境日益加重。另一方面，德军的正面突击战术并没有攻破野外堑壕等防御工事，这也更使人们认识到炮兵越来越重要。

凡尔登向南40英里的一条来自巴勒迪克的次等狭窄道路，是法军的主要运输动脉，被法国人称为"圣路"。自1916年2月27日起，法军利用这条"圣路"，源源不断地向凡尔登调运部队和物资，一周内组织3900辆卡车，运送人员19万，物资2.5万吨。

日德兰海战

——铁甲舰队的大决战

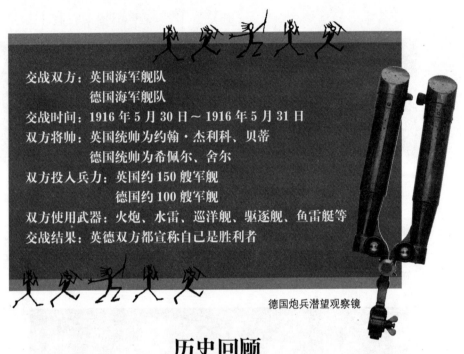

交战双方：英国海军舰队
德国海军舰队

交战时间：1916 年 5 月 30 日～1916 年 5 月 31 日

双方将帅：英国统帅为约翰·杰利科、贝蒂
德国统帅为希佩尔、舍尔

双方投入兵力：英国约 150 艘军舰
德国约 100 艘军舰

双方使用武器：火炮、水雷、巡洋舰、驱逐舰、鱼雷艇等

交战结果：英德双方都宣称自己是胜利者

德国炮兵潜望观察镜

历史回顾

1914 年至 1916 年初，面对英国的海军优势，德海军采取保存舰队力量、避免重大损失，同时不断制造机会削弱英舰队力量的策略，运用诱使英军部分兵力出海，集中优势力量给予沉重打击的战术，不断袭击英军，但并没有解除英国的封锁。

1916 年 5 月 30 日，英军截获了德军无线电报，破译密码后才知道德海军对英舰队有行动。原来新上任的德国大洋舰队司令冯·舍尔仍以诱敌深入的策略，将英舰队引至日德兰西海域，并在此设伏袭击英舰队。

英海军上将约翰·杰利科勋爵认为这是歼灭德海军主力的好机会。于是他派贝蒂率领一支诱敌舰队驶离苏格兰罗塞斯港口，自己亲率主力埋伏在奥克尼群岛斯卡帕弗洛海军基地的东南海域。

5 月 31 日，英诱敌舰队发现德诱敌舰队，双方开始了火力轰击。英舰队利用其战舰速度快而灵活的特点，急速前进，企图插入德诱敌舰队的后方，截断其后路。殊不知德海军主力尾随其后不远的海域。英舰队陷入了德军的南北夹击之中，英诱敌舰队急发无线电报求救。

德军舰艇采用了新式全舰统一方位射击指挥系统，所有炮火一齐发射，炮弹攻击点分布范围小，精确度高，给英舰队造成了很大麻烦，两艘英舰船相继被击沉。战势对英诱敌舰队越来越不利，德军主力也扑了上来，英舰队急忙后撤。

历史背景

第一次世界大战期间，英国凭借着强大的海军优势对德国进行海上封锁，保护协约国的海上交通，制止德国对英的入侵，并企图在有利的条件下与德国海军主力决战以消灭敌人。1916 年 4 月 25 日，德海军袭击了英国的大雅茅斯和洛斯托夫特港口，英对德的封锁更为严密。为摆脱英国海军封锁带的困境，德国海军决心与英舰队决战。

危在旦夕之际，接到求救电报的英主力舰队先后赶到。德驱逐舰分别出击迎敌，英驱逐舰为保护战列舰也冲在前面，双方轻型舰展开了搏斗。英军被动局面逐渐改变。德国凭借舰船的水密结构设计和炮塔防护的坚固防御，频频向英军发起猛攻。英军也不示弱，利用航速快的优势，从容躲过德军鱼雷的攻击，并切入德舰队和赫尔戈兰湾之间，切断德军退路，对德舰队形成包围之势。

31 日深夜，英军调集大批驱逐舰和鱼雷艇对德舰队进行夜袭。为躲避英军鱼雷的攻击，德舰队全部熄灯，并不停地移动位置。在四周小艇的保护下，战列舰和驱逐舰在黑暗中向英舰队发炮。

英舰队仍陆续向日德兰海域集结援军，德国海军上将舍尔认识到，如果夜间不能突围，天明后德军会遭到毁灭性打击。于是他利用灯光和无线电码发出突围命令，率领舰队突破英舰队炮火和鱼雷的封锁，向赫尔戈兰湾撤退，疯狂的英舰队紧追不舍。当接近赫尔戈兰湾时，前面的战舰误入水雷区后，再不敢贸然向前追击，杰利科只好下令返航。

原来德国海军早在赫尔戈兰湾一带布下无数水雷，只留一条狭窄的秘密水道，

日德兰海战集结了英德两国海军的精华，双方共出动战舰254艘。这次海战，进一步确立了"大舰巨炮"主义理论，促使各国海军更加重视发展以战列舰为核心、以大口径舰炮为主要突击兵器的海上舰队。

日德兰海战情形

交战中，德军射击技术和舰艇操作水平较高，"同时转向"战术运用娴熟，但舰队实力处于劣势；英军虽握有主动权，但行动不坚决，也失去歼敌良机。

以防止英国舰队的偷袭。

日德兰海战是第一次世界大战期间规模最大的海战，也是世界海战史上最后一次战列舰大编队交战。但是，英国和德国的舰队主力并未进行决战，战后双方在北海的力量对比和军事态势未发生重大变化。海战中，双方未组织周密侦察，情况不明，指挥不力，均未达成预期战役目的。英军损失战舰 14 艘，德国损失 11 艘。事后双方都声称自己是胜利者，但德国舰队仍被封锁在港内，英海军继续控制着北海，掌握着制海权。

日德兰海战，使各国认识到只有注重生存力的战舰才能在海战中存活，各国军舰开始吸取德国设计的水密结构和炮塔防护等优点，研发新型海上工具武器和探索新的战术战法。日德兰海战可以说是铁甲舰队的最后一次大决战。

双方策略战术

这场海战中，英军凭借舰船的快速灵活及数量优势，采用切断敌人退路，意欲围歼德军的策略，运用夜袭战术向德军发起进攻。而德军在处于劣势的情况下采取积极的防御策略，采用集中突破的战术冲出英军包围圈。

重要意义

日德兰海战是历史上最大的海战之一，是大舰巨炮主义的高潮。未打破英军封锁的德国舰队不敢出海作战，名存实亡，而英国进一步巩固了其在北海海域的霸主地位。这次海战也送走了铁甲舰队海战的旧时代，揭开了人类海战史上的新篇章。

苏俄内战与干涉战争

——捍卫红色旗帜

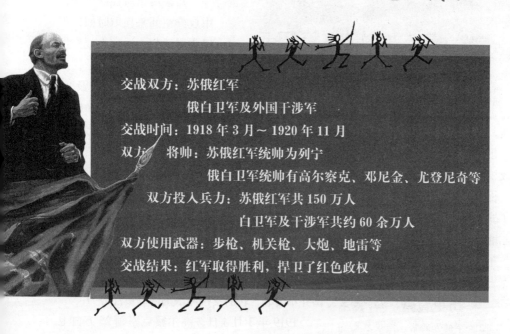

交战双方：苏俄红军

俄白卫军及外国干涉军

交战时间：1918 年 3 月～1920 年 11 月

双方将帅：苏俄红军统帅为列宁

俄白卫军统帅有高尔察克、邓尼金、尤登尼奇等

双方投入兵力：苏俄红军共 150 万人

白卫军及干涉军共约 60 余万人

双方使用武器：步枪、机关枪、大炮、地雷等

交战结果：红军取得胜利，捍卫了红色政权

历史回顾

　　1918 年，协约国打起防止德国入侵和保护侨民利益的旗号开始了对苏俄的干涉。3 月英军从俄北方港口摩尔曼斯克登陆。4 月，日军进军海参崴。5 月，在俄国的捷克战俘在英法鼓动下爆发叛乱。8 月，英美联军侵入海参崴。德国也趁机践踏乌克兰、白俄罗斯和波罗的海沿岸地区。武装干涉者还从南方侵入苏俄。这时，世界大战还没有结束，外国干涉军的人数不多，作用有限。

　　用先进的马克思主义武装头脑的

反击的红军

高尔察克和邓尼金率领的两支白军，一直不断从东线和南线挺进，造成战线过长，力量分散。1919 年 4 月起，红军抓住时机，果断出击，开始进行全线反攻。

1918年彼尔姆附近的一支红军特遣队
针对当时的形势，红军贯彻列宁的战略方针，决心在白卫军同干涉军会合之前，先歼灭白卫军，再击败协约国军队。

列宁把世界革命作为战略目标，并采用革命性的战术，用放弃空间来换取时间，不仅要用武装引诱敌人放弃抵抗，还要用思想的力量使敌人内部腐朽，让其自行毁灭。他把德国看作世界革命的总枢纽，一旦西方把革命点燃，苏俄就会顺利收复丧失的空间。

俄国各民族纷纷叛乱，宣布独立，足以阻止列宁来实现他的伟大战略目标。苏维埃政权四面楚歌，全国3/4的土地为敌人占领。

面对国内外猖獗的反动势力，苏维埃政府实行新战略，在"一切为了前线，一切为了战胜敌人"的口号下，开始无情镇压反叛活动。10月，俄国东线的敌人被赶到乌拉尔地区，南线取得了察里津保卫战的胜利。

第一次世界大战结束后，协约国在俄南部迅速集结了13万干涉军。但在布尔什维克思想影响下，很多士兵拒绝作战，内部矛盾重重，大部分干涉军被迫撤走。协约国并不甘心，转而支持苏俄国内的叛乱势力。

历史背景

1914年爆发的第一次世界大战，给俄国造成了严重的经济政治危机，引起了劳动大众的强烈不满。1917年10月，酝酿成熟的反沙皇专制统治的革命爆发，一举推翻了农奴封建制度，创建了世界上第一个社会主义国家。地主阶级不甘心退出历史舞台，西方资本主义国家也不甘心丧失在俄的巨额投资和贷款，害怕十月风暴波及它们，并且苏德单独签订《布列斯特和约》而退出第一次世界大战，更使协约国担心德国因摆脱东线作战而对己不利。于是他们一方面派遣干涉军进犯苏俄，一方面扶植反动势力，企图颠覆扼杀新生的苏维埃政权。

1919年3月4日，高尔察克率领25万白卫军从东线向西进攻，红军被迫撤出伏尔加河流域。4月，红军兵力增加到150万人，开始了对高尔察克的反攻，一举解放了乌拉尔。7月，红军乘胜追击，解放了西伯利亚大部分地区。年底，高尔察克被俘，其全军溃败。

协约国仍把颠覆苏维埃政权的希望寄托在白卫军身上。英美法转而支持邓尼金，并提供几百门大炮和几十万支步枪。凭借优良的武器，邓尼金率领15万白卫军占领了乌克兰大部，攻克了奥廖尔，直逼莫斯科。10月中旬，红军南方战线转入反攻。1920年初，红军收回失地，邓尼金主力溃败。残部逃往克里木半岛，邓尼金逃亡国外。

高尔摩克和邓尼金发动进攻的同时，波罗的

海的尤登尼奇占领了杨堡，在英国坦克的掩护下攻抵彼得格勒城下。10月21日，反攻的红军一举击溃尤登尼奇，尤登尼奇退到爱沙尼亚境内，被当局解除了武装。

　　1920年4月，在法国的鼓动下，波兰入侵苏俄，占领了基辅、乌克兰、白俄罗斯的大片土地。6月红军发起反攻，收复失地，进而越过国界，直逼华沙。红军进展过速，后援未跟上。8月波军反攻，红军被迫后退。10月双方签订停战协议。11月，南线红军打下刻赤，解放了克里木半岛，苏俄内战基本结束。1922年10月25日，由红军改组的人民革命军开进海参崴，将最后一支日本干涉军赶出国境。

双方策略战术

　　在这场战争中，苏俄白卫军和外国干涉军企图采取四面封锁的策略，扼杀苏维埃红色政权。但红军采取广泛发动群众，积极开展游击，有效组织防御，及时进行反击的策略，运用游击战，切断白卫军交通线，集中优势兵力消灭敌人，打破了敌人的企图。

重要意义

　　苏俄内战和对外国干涉军战争的胜利，保卫了十月革命的成果，巩固了第一个社会主义国家，粉碎了国内外反动势力的联合封锁，为世界反封建、反资本主义国家革命树立了榜样。

由红军领导的反对军国主义制度的第一次军事游行

西班牙内战

——法西斯兵临马德里

交战双方：西班牙共和军
　　　　　西班牙叛军和法西斯干涉军
交战时间：1936 年～1939 年 3 月
双方将帅：共和军统帅为内格林
　　　　　叛军统帅为佛朗哥
双方投入兵力：共和军共 30 万人
　　　　　　　叛军及法西斯干涉军 40
　　　　　　　万人
双方使用兵器：步枪、火炮、飞机、坦克、
　　　　　　　装甲车、航空炸弹等
交战结果：共和军最终失败

挑起内战的法西斯分子佛朗哥

历史回顾

　　1936 年 7 月 17 日，驻守摩洛哥的西班牙军队首先叛乱。次日，在西班牙北部的莫拉率部队响应，在佛朗哥的策动下，各大城市也相继发生叛乱。佛朗哥控制着共和军 80% 的兵力，他企图对共和国军实施南北夹击，一举攻占首都马德里。在法西斯的支援下，叛军很快占领了摩洛哥、加那利群岛和巴利阿里群岛以及西班牙北部和西南部各省。然而，工人阶级和人民群众积极响应反君主和法西斯的号召，奋起保卫共和国。共和军经过顽强反击，使得马德里、巴塞罗那、马伦西亚、卡塔赫纳、马拉加、华尔巴鄂等中心城市的叛乱先后平息，打破了叛军速战速决的企图，使叛军处境异常危急。

　　1936 年 8 月，为控制地中海通往大西洋咽喉的西班牙这块战略要地，德意法西斯公然支持西班牙叛乱，并提供飞机、坦克、装甲车、航空炸弹等大批新武器。西班牙成了法西斯新式武器的实验场。9 月中旬，叛军逼近马德里。佛朗哥派兵从正面攻城，并企图从东南、西南迂回该城。但共和军采用坚守阵地和对敌军集团翼侧实施短促反突击巧妙结合的灵活战术，使叛军计划遭到破产。11 月，法西斯干涉军入侵西班牙。

历史背景

1931年4月，西班牙爆发革命，推翻了君主制，建立了资产阶级共和国。但革命并不彻底，封建地主阶级仍操纵大权，阶级矛盾和民族矛盾异常尖锐。在共产国际的号召下，西班牙共产党积极响应，联合无产阶级以及一切进步力量，组建了人民统一战线，并在1936年2月会议选举中获胜，组成了新的共和政府。新政府一系列的进步改革，引起反动势力的极端仇视，他们在希特勒和墨索里尼等德意法西斯的支持和鼓舞下，开始策划反对共和国的军事阴谋，以颠覆共和政府。

其后，法西斯兵力迅速增加，共约30余万人。英法美政府害怕人民革命波及自己，对西班牙共和国奉行"不干涉"政策，西班牙处于被封锁状态。实质上英、法、美对法西斯扼杀西班牙民主革命起到推波助澜的作用。

1937年初，叛军和法西斯军仍试图夺取马德里，他们切断马德里与外界的联系，使其孤立无援，尔后从南面和东北面同时分进合击。顽强的共和军实施反攻击，使叛军和法西斯遭到惨败。迫使叛军和法西斯放弃马德里，将战略重点转移到北部。

4月，法西斯对格尔尼卡—巴斯克地区实施猛烈的空袭。许多小城镇被夷为平地，国际社会为之哗然。在共产国际的号召下，世界54个国家4.2万国际无产阶级战士志愿者来到西班牙，和共和军一道反抗法西斯。

但是，德意法西斯对西班牙进行大规模武装干涉，改变了双方兵力及军事装备的对比。6月，叛军及法西斯军转入进攻，在法西斯炮火、飞机立体轰炸的配合下，20日攻占了毕尔巴鄂，继而向桑坦德进发。10月22日，共和军在重工业区阿斯图

格尔尼卡 毕加索

在佛朗哥的命令下，德国飞机于1937年4月对格尔尼卡的巴斯克小镇进行毁灭性空袭。毕加索据此创作了《格尔尼卡》，该画以后期立体主义语言表现了战争带给人类的灾难，鞭挞了法西斯的罪恶。

里亚斯的最后一个据点希洪城失陷。随后，法西斯把作战重点转移到东线，并调集了几乎全部的空军和坦克兵。1938 年 3 月 9 日，法西斯突破共和军防线，推进到地中海沿岸，将西班牙分成两半，掌握了战略主动权。英法这时封锁了法西边界，使共和军处境更是雪上加霜。

12 月 23 日，在英、法、美的直接支持下，叛军和法西斯率联军 40 万人向仅有 17.6 万人的加泰罗尼亚共和军发起强攻，被切断供给线的共和军只得孤军奋战。经过一个月的顽强抵抗，共和军被迫放弃巴塞罗那，联军也付出了惨重代价，于 2 月 11 日占领了整个加泰罗尼亚。

叛军和干涉军一面加强对共和军的猛攻，一面收买共和军内叛变和投降分子。英法美同时对共和军施加压力，逼迫其投降，共和军处境困难。3 月 5 日，在英法的指使下，共和国内部的卡萨多上校和右翼社会党首领贝斯太罗与叛军勾结，发动政变，夺取了马德里共和国政权。30 日，法西斯联军开进叛军早已撤防的马德里。

号召妇女起来战斗的宣传画

西班牙内战是西欧自法国大革命后的一个时间最长而又最残酷的国内战争，这场战争不但与西班牙全体人民未来命运相关，而且直接影响着整个欧洲的局势，并且间接地影响到了全世界。

双方策略战术

西班牙内战中，共和军采取积极的防御策略，运用把坚守阵地与对敌人实施短促反突击巧妙结合的战术，痛击叛军和法西斯联军，但叛军和法西斯联军凭借强大的军事实力，以强攻和内部瓦解共和军相结合的策略，再加上不利的国际环境，使共和国先从内部叛乱而最终失败。

重要意义

西班牙内战是二次大战前夕民主力量反对法西斯侵略势力的战争之一，它为各国人民反法西斯战争提供了宝贵经验。这次战争陆海空联合作战方式，对世界军事的发展具有重要意义。

第二次世界大战

——对人类文明的摧残

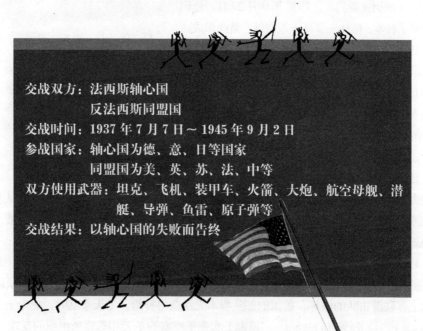

交战双方：法西斯轴心国
反法西斯同盟国
交战时间：1937年7月7日～1945年9月2日
参战国家：轴心国为德、意、日等国家
同盟国为美、英、苏、法、中等
双方使用武器：坦克、飞机、装甲车、火箭、大炮、航空母舰、潜
艇、导弹、鱼雷、原子弹等
交战结果：以轴心国的失败而告终

历史回顾

第二次世界大战是迄今为止人类社会所进行的规模最大、伤亡最惨重、造成破坏最严重的全球性战争。全球有60%的国家卷入战争，战火遍及亚洲、欧洲、美洲、非洲及大洋洲五大洲；交战双方同时也在太平洋、大西洋、印度洋及北冰洋四大洋展开战斗。

二战的交战双方是美国、苏联、中国、英国、法国等国组成的反法西斯国家联盟与德国、日本、意大利等国组成的法西斯轴心国集团。

在一战中，德国战败，《凡尔赛和约》对德国实行严厉的经济与军事制裁。在1929年的全球性经济危机中，魏玛共和国遭到重创。1933年，希特勒成为共和国总理。1934年，

美国国旗飘扬在硫黄岛上

希特勒又根据宪法继任总统，真正成了德国的唯一独裁领袖。 在一战后的意大利，1922 年，墨索里尼以及他所领导的法西斯党组成政府。几年时间内，墨索里尼巩固了独裁地位，意大利也沦为一个法西斯国家。意大利与纳粹德国在 1939 年 5 月缔结了《钢铁盟约》。1940 年 9 月 27 日，他们又接受了日本，柏林—罗马—东京轴心就此形成。

1939 年 9 月 1 日，德国侵略波兰，第二次世界大战全面爆发。5 月 13 日，德军进入法国。六星期后，法国投降。1940 年 5 月 19 日，德军抵达离英吉利海峡只有 50 英里处。5 月 24 日，被包围的盟军实施了敦克尔刻大撤退。

占领法国后，德国空军在法国北部集中。8 月 5 日后，德军对英国进行大规模空中打击。英国损失了 1/4 的空军飞行员，几乎所有的英国工业重镇都遭到袭击，伦敦更是从 9 月 7 日到 11 月 3 日连续 57 个夜晚遭受轰炸。英国空军也不时在夜间轰炸欧洲大陆。不列颠战役的最终结果是，德国登陆英国的企图宣告失败。

1941 年 6 月 22 日，德国对苏联发动突然袭击，苏德战争爆发。战争初期，无数苏联部队被包围并落入德国手中。但是苏联广阔的土地使德国人的后勤线达到极限，再加上苏联游击队的破坏，德国的部队根本无法获得补给。冬天来临时，成千上万的德国士兵死于严寒的冬天和苏联所组织的反攻。 8 月中旬，德军包围列宁格勒（今名彼得格勒），同时用炮击和空军进行轰炸。包围持续了 90 天，列宁格勒大约有 100 万平民死亡——其中 80 万死于饥饿。1942 年 7 月 17 日，德军 150 万兵力进攻斯大林格勒（今名伏尔加格勒），斯大林格勒战役爆发。这是历史上最血腥的战役，大约有 200 万人死亡，其中 50 万是平民。 斯大林格勒战役之后，德国人渐渐丧失了战争的主动权。1945 年 4 月 16 日，苏联红军进攻柏林的战役开始。4 月 28 日，墨索里尼被意大利游击队处决。4 月 30 日，希特勒在自己的碉堡中自杀。5 月 2 日，苏联红军占领柏林。5 月 8 日，德国无条件投降。

北非战役开始于 1940 年，到 1943 年 5 月 13 日，

在这张海报中，一个巨人般的日本武士正在挥剑劈砍一艘英美舰船，生动地反映了日本法西斯的侵略野心。

战争后期，法国飞机在战场上猛轰德军阵地。

从军事上来说，二战开启了空战的时代，军舰也开始成为重要的武器。在这场军备竞赛中，空军已经成为无法缺席的一分子。

在北非战场上，25万轴心国士兵被俘虏。

在太平洋战场，1939年，日本军队试图从满洲进攻苏联，但很快就被苏联和蒙古的混合军击溃。1941年12月7日，日本偷袭在珍珠港的美国太平洋舰队，美国被拖入战争。

4天后，德国也对美国宣战。日本在前期的战斗中占优势，暂时掌握了战场的主动权，但盟军的攻势逐渐加强；1942年4月，空袭东京；6月，中途岛海战，日本海军遭到了毁灭性的打击。中途岛海战是太平洋战场的转折点。

1945年8月8日，苏联对日宣战，百万大军进入中国东北地区，中国及盟军转入全面反攻。美国也在日本的广岛（8月6日）和长崎（8月9日）投下了两颗原子弹。8月15日，日本正式宣布投降。第二次世界大战最终以轴心国的彻底失败而告终。

二战对人类历史产生了深远的影响。战争带来的血腥杀戮，造成的巨大破坏，长久的反映在战后人类社会生活的各个方面。战争的结果使得法西斯这一人类社会的毒瘤被铲除。战后世界的政治、经济格局很大程度上是战争结果所带来的。

双方策略战术

就战略看，同盟国以先欧后亚，先德后日的顺序，较好地处理了两线作战的问题；相互之间配合默契，协同作战。而德国则在西线战场上未攻下英国的情况下，转而进攻东线的苏联，使自己处于两线作战的被动局面，日本也是在陷入中国战场不能自拔的同时，展开太平洋战争，导致腹背受敌，造成最终的失败。

重大意义

第二次世界大战造成9000万人伤亡，直接军费开支11170亿美元，物资损失40000亿美元，是人类历史上的空前灾难。协约国最终赢得战争，拯救了人类文明，彻底打败了世界法西斯统治，恢复了世界和平。战后，殖民体系瓦解，加快了世界历史发展进程。第二次世界大战推动了科学技术的大发展，原子弹等先进武器的运用为人类军事史增添了新的一页。

二战中国战场
——抗日战争的胜利

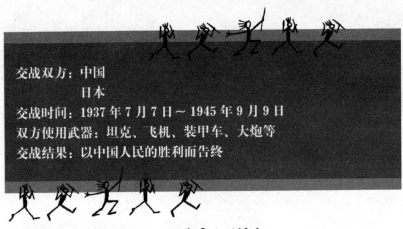

交战双方：中国
　　　　　日本
交战时间：1937 年 7 月 7 日～1945 年 9 月 9 日
双方使用武器：坦克、飞机、装甲车、大炮等
交战结果：以中国人民的胜利而告终

历史回顾

　　1931 年，日本帝国主义发动了武装侵略中国的"九·一八"事变，企图把中国变为它的殖民地。以蒋介石为首的南京国民政府对日本的侵略采取了不抵抗政策，日本得以迅速占领我国东北。接着，蒋介石推行"攘外必先安内"的政策，压制民众的抗日斗争。日本得寸进尺，步步进逼，策划华北五省自治，企图把华北从中国分裂出去。在中华民族危机日益深重的形势下，中国共产党决定实行抗日民族统一战线政策。张学良和杨虎城发动西安事变，迫使蒋介石停止内战，联共抗日。1937 年，日本发动全面侵华的卢沟桥事变。在严峻的战争形势下，以国共两党合作为基础的抗日民族统一战线正式形成。

日军以演习为名向卢沟桥地区的中国驻军进行袭击。图为日军炮轰宛平县城，拉开了全面侵华战争的序幕。

抗日战争可分为战略防御、战略相持和战略反攻三个阶段，抗日战场分为正面和敌后两个战场。国民党负责正面战场的作战任务，八路军、新四军负责敌后作战。在第一阶段，中国军民英勇抗战，粉碎了日本迅速灭亡中国的计划。国民政府

1938年，毛泽东在延安窑洞撰写《论持久战》的讲演稿，分析了中日双方的基本特点，指出抗日是一场持久战，最后的胜利必然属于中国。

做出了相应的军事部署，使日军速战速决的军事计划受挫。日本攻下武汉后，已没有能力发动大规模进攻，抗日战争进入相持阶段。在第二阶段，国民党一面继续抗日，一面积极反共，共产党领导的敌后战场成为抗日的主要战场。在日军的长期、反复扫荡和蒋介石的反共高潮下，共产党领导军民克服困难，坚持同反共分子斗争并继续抗日。在第三阶段，敌后抗日军民向日军大反攻，国民政府军也开始局部反攻。

1941年，日本偷袭珍珠港，挑起了太平洋战争。英、美等国被迫对日宣战，中国加入同盟国，同英、美等结成反法西斯统一战线。1942年，中国战区成立，蒋介石为中国战区统帅，中国远征军与英美盟军并肩作战，沉重地打击了日本侵略者。日军兵力严重不足，被迫收缩防线。1945年4月，日军调集20万兵力，分三路进犯湘西。中国集中30多万大军，在中美联合空军的支援下，取得了湘西反攻战的胜利。7月，中、美、英三国联合发表《波茨坦公告》，敦促日本无条件投降，但日本政府拒绝接受。盟军随即便对日本本土发起猛烈攻击。美国首先在日本广岛和长崎各投下一枚原子弹。随后，苏联对日宣战，派遣数百万远东军向盘踞在我国东北和朝鲜的日本军队大举进攻。为配合盟军作战，毛泽东发表了《对日寇的最后一战》的声明，号召全国抗日力量举行战略大反攻。接着，朱德总司令命令八路军和新四军向日军展开全面反攻。在中国人民和苏、美盟军的联合攻击下，8月15日，日本被迫宣布无条件投降。9月9日，日本向中国政府代表何应钦递交了投降书。

双方策略战术

日本发动全面侵华战争后，面对严峻的战争形势，以国共两党合作为基础的抗日民族统一战线正式形成。国民党负责正面战场的作战任务，八路军、新四军负责敌后作战。而日本在陷入中国战场的同时，还展开太平洋战争，造成腹背受敌，最终失败。

重大意义

抗日战争是中国人民近百年来第一次取得完全胜利的反侵略战争和民族解放战争，它促进了中华民族的觉醒和团结，是中华民族重新奋起的转折点。

德国闪击西欧

——哭泣的马其诺防线

交战双方：德国军队
英法荷比卢五国联军

交战时间：1940 年 5 月～1940 年 6 月

双方将帅：德军总统帅为希特勒
联军总司令为甘末林

双方投入兵力：德军共 136 个师
联军共 135 个师

双方使用兵器：坦克、飞机、装甲车、机关
枪、步枪、大炮等

交战结果：荷兰、比利时、卢森堡、法国相
继沦亡，英军退守本岛

北海　海牙　阿姆斯特丹
荷兰　鹿特丹
敦刻尔克
加来　布鲁塞尔　德国
比利时
法国　卢森堡
巴黎　色当

前线
—— 1940年6月
—— 马奇诺防线

通过入侵低地国家和法国北部，德军绕过了法国"不
可逾越的"马其诺防线，并将盟军挤入敦刻尔克一隅。

历史回顾

　　1939 年 10 月，希特勒着手制定入侵荷、比、卢、法的作战计划"黄色方案"。
1940 年 2 月 24 日，德军把 136 个师的兵力编为 3 个集团军群。右翼集团军群 29 个师
从荷兰、比利时国境至亚琛地区突破防线，攻占荷兰全境和比利时北部后，向法国境
内推进。左翼集团军群 19 个师配置在马其诺防线的正面，进行佯攻，牵制法军不能
北上增援。为实现进攻的突然性，希特勒把 45 个师的主力军配置在亚琛至摩泽尔河
一线。这里是卢森堡和比利时的阿登山区，林密谷窄，地形险峻，没有铁路和公路网，
并且和宽阔的马斯河相接，被公认是机械化大部队难以通过的天险。法军在这里的设
防较薄弱。德军欲以强大的空军掌握制空权，隐蔽其主力，抢先通过区区，强渡马斯河，
出其不意，突入法国的圣康坦、阿布维尔等平原地带，直趋英吉利海峡，进而切断联
军南北联系，把联军主力压缩在背靠大海的困境，利用强大的空军歼灭之，剩余的 43
个师则作为预备队在莱茵地区待命。

历史背景

第一次世界大战后，国际形势急剧变化，帝国主义国家间的矛盾更加突出，争霸斗争日趋尖锐，德国希特勒上台后，积极进行经济改革，扩充军备，加快侵略扩张步伐，企图确立在东欧和东南欧的统治。1936 年间，德军进入莱茵非军事区，伙同意大利干涉西班牙，随后又相继占领了奥地利和捷克斯洛伐克。1939 年 9 月，德军以闪击战征服了波兰，解除了进攻英法的后顾之忧，建立了进攻苏联的前进基地。1940 年 4 月，德海陆空三军联合攻占了英国的侧翼丹麦和挪威，为德国进军西欧奠定了基础。

联军总兵力 135 个师，在数量上与德军相当，但联军对德军的战略部署判断错误。认为中间的法比卢边界有阿登山区和马斯河天险可恃，德军机械化部队难以逾越，只配置少许士兵防守。右翼有坚固的马其诺防线，如果德军正面进攻，联军以逸待劳，与德军打消耗战。左翼荷比边境在过去是兵家必争之地，联军将主力部署在这一地区，并将马其诺防线的唯一预备部队也调去支援。英国海军则负责从海上封锁德军。

1940 年 5 月 10 日凌晨，德军在荷兰海岸至马其诺防线向联军展开了全线进攻。右翼的德军先对荷、比和法国北部的机场进行猛烈轰炸，夺取制空权。接着，空降部队在联军后方着陆夺占机场、桥梁、渡口和防御据点。前后方同时遭受德军袭击的荷兰陷入混乱和惊恐之中，荷兰女王逃亡英国。5 月 15 日，荷兰投降，德右翼军乘胜出击，17 日攻占了布鲁塞尔，28 日，比利时宣布投降。荷比的先后失利，使法军认为最初计划的正确性，于是忙调集主力前往比利时，后方兵力出现空虚。

胸有成竹的德军主力在中路进展顺利，只有 30 万人口的卢森堡不战而降。12 日，德军的坦克师和摩托化师通过阿登山区，抵达马斯河。13 日下午，强大的空袭击毁了法军的防御阵地，德军开始强渡马斯河。这时，法军统帅才判明敌人的主攻方向，立即调兵遣将，但为时已晚。15 日，德军攻下色当，大批的坦克、装甲、摩托化师突入法国

战争中法军全面溃败，图为一个法国男人看见自己祖国的军队撤回马赛时流下了眼泪。

北部的平原地带，快速向西挺进。20日，德军占领了阿布维尔，21日直抵英吉利海峡，完成了割裂联军的目的。德军以荷比为基地，封锁加莱海峡，截阻英军支援，把联军40余万人围困在法比边境的敦刻尔克海岸地区。一面濒海，三面受敌的联军处境危急。这时，希特勒却下令停止进攻，给了联军以喘息机会。英海

查尔斯·坎德尔用油画生动再现了盟军在敦刻尔克撤退的一幕
5月26日，英国政府任命多佛尔港司令拉姆齐海军上将为撤退行动总指挥，英国、法国、比利时和荷兰共派出各种舰船861艘。撤退开始后，德军加强地面进攻，并从空中和海上攻击英法运输船队。

军抓住时机，从26日开始实施"发动机计划"，对联军进行大营救。联军不顾德军的狂轰滥炸，在英空军制造的烟雾掩护下有秩序地撤退。9天内将包括22万英军在内的33.6万余联军顺利撤到英本岛，这是战争史上一大奇迹。

占领法国北部后，德军立即移师南下，向巴黎和法国内地发起攻势。德军集中空中力量对法国各机场和重要目标进行了暴雨般的空袭，摧毁了法军制空能力。

6月10日，认为德军胜局已定的意大利向法国宣战，趁火打劫，从阿尔卑斯地区向法军进攻，使法国腹背受敌。当日，德军兵临巴黎城下，法政府被迫放弃城池，向图尔退却。14日，巴黎被德攻占。15日，被法军认为坚不可摧的马其诺防线在德军的前后夹击下崩溃。6月22日，法国新成立的贝当政府在一份带有胜利者提出的许多苛刻条件的停战协议上签字。法国成为德国的占领区。

双方策略战术

德国闪击西欧战中，联军对形势估计不足，策略战术判断失误造成战争的全盘皆输。而德国采用突袭闪击的策略，利用强大的陆空机械化部队，在最快的时间摧毁敌人的指挥体系和补给中心，造成敌人瘫痪，使荷、比、卢、法四国沦亡。

重要意义

四国的沦陷，使英国变得孤立无援。但敦刻尔克大撤退，为联军保存了有生力量。对德国来说，法国的征服是它的一个欠债而非资本。这场战争，坦克、摩托及飞机伞兵的大量机动运用，丰富了世界军事史中的进攻战术。

1940年6月25日清晨，希特勒在被占领的巴黎大街上。（底图）

不列颠之战

——空中闪击战

交战双方：德国军队
英国军队

交战时间：1940 年 8 月～ 1941 年 5 月

双方将帅：德军总统帅为希特勒
英国军统帅为道丁

双方投入兵力：德军共 2660 余
架飞机
英军共 1300
余架飞机

双方使用兵器：战斗机、轰炸
机、高射炮、雷达等

交战结果：双方均未取得决定性胜利，战争进入
持久战

B–17 轰炸机

历史回顾

1940 年 7 月 16 日，希特勒发出对英登陆的"海狮作战"计划的训令。该计划以奇袭为基础，准备用 39 个师的兵力，在不列颠宽广的正面拉姆斯盖特登陆，抵达怀特岛。其中 13 个师作为第一批登陆部队，并在海峡港口集结大量的各种船只，一切准备要求 8 月中旬完成。

英国海军优势强于德国，但德国的空军具有相当的优势。德空军集结 2400 架战机，欲对英伦进行大规模空袭。德军一方面想从精神和意志上摧毁英国，迫使其接受和谈，另一方面为"海狮作战"的海军渡海夺取制空权，为登陆创造有利条件。

7 月 10 日，德军就开始了对英护航船队和波特兰、韦茅斯、多佛尔等港口、军港进行空袭，以引诱英战机出战，从而查明英空军的部署、防空能力及检验自身的突防能力。德国空军在形势上处于不利地位，他们必须在海上和英国领空上作战。英空军可以获得地面高射炮的支援，英军的喷火式飞机爬升速度要快于德战斗机，

德国轰炸机上的观察人员正在严密地观察着，等候英国战机的出现。（底图）

并且以防御战为主的英军还有雷达网的引导。更重要的是英军掌握了德军无线情报的破译密码，德国多数战略情报被英所掌握。

8月13日，德军480余架战机升空，开始对英国雷达站等军事目标进行轰炸。15日又出动1780架飞机，使英军一些军事基地和飞机制造厂遭到摧毁。英军统帅道丁公爵也迅速命令7个"喷火式"和"旋风式"战斗机中队升空迎敌。在雷达的准确制导下，他们在德国机群中进行有效地穿插分割，将德军机群分割成若干小队，利用飞机速度快的优势实施各个击破。双方空战十分激烈，这是双方第一次大规模空战。德军付出75架飞机的代价，英机只损失34架。德军"空中闪击战"一开始就未奏效。

纳粹德国的空军
从8月13日到9月6日，为空战第二阶段，德国空军大规模地轰炸英军机场、雷达站、飞机工厂和补给设施。从8月24日起，德军每天出动1000多架次飞机，战事进入了决定性的阶段。

历史背景

德国闪击西欧，法国投降后，整个西欧海岸线都被德国所控制，英国不列颠群岛陷入三面被围的境地。但包括希特勒在内的德国人把对法国的胜利，作为战争的结束。希特勒认为，如果打败英国，其殖民地将会落入美日和苏联手中，而对德不利，为对付苏联而避免两面作战，希特勒提出愿与英国在瓜分世界的基础上和谈，得到美国支援承诺的英国首相丘吉尔断然拒绝。诱和未遂的希特勒准备武力侵入不列颠。

8月24日至9月6日，德空军不分昼夜，每日出动千余架次飞机，对英西南部的机场及海峡商船进行高强度空袭，虽然德机被击落380架，但英机也损失186架，元气大伤。

9月7日，希特勒为了报复8月25日到26日夜袭柏林的英国，开始了对伦敦的狂轰滥炸，企图瓦解英国人民的斗志，动摇民心。但这给英空军以喘息之机。英军以战斗机、高射炮、雷达、探照灯和拦阻气球组成完备的防空系统。虽说大规模的轰炸使伦敦多处起火、王宫中弹、居民伤亡惨重，但在15日希特勒对英国的大规模空袭中，英军抢占先机，德机还没有进入伦敦上空，就遭到数百架英战斗机的截击。英战斗机猛冲德轰炸机，失去保护的德轰炸机除少数逃跑外，其余均被击落。英战机转而围攻德战斗机，凶狠的英机使德战机招架不住，转头而逃。英战机紧追不放，又击落了多架德军战机。这时，英国轰炸机开始行动，对德国集结在海峡对岸的舰队、地面部队、港口码头进行了猛烈轰炸。德国损失惨重，共损失 185 架飞机，而英军仅损失 26 架。

9 月 17 日，德军不但未击败英国空军，反而使英空军活动更频繁。希特勒感到无法取胜，被迫下令不定期推迟实施"海狮作战"计划。最终"海狮作战"计划不了了之。

不列颠空袭和反空袭之战中，德军共损失飞机 1733 架，英损失 915 架，双方飞行员损失约为 6 : 1。空战受阻后，希特勒开始了对英国实施封锁。

双方策略战术

此役中，德军利用空军优势，采取闪电空袭、夺取制空权，为登陆作战创造有利条件的战略决策，运用大规模空袭战术对英实施狂轰滥炸。英空军采用积极的防空策略，运用分割战术，各个击破，粉碎了德军的企图。

重要意义

这场空战是二战史上历时最长、规模最大的空战，它使希特勒的侵略计划第一次未能得逞，为国际反法西斯同盟鼓舞了士气。这场空战是人类战争史上首次空战，它揭开了人类战争史上新的一页。同时也证明了大规模空袭，夺取制空权在战争中的重要性及防空的战略意义。

1940 年 8 月，不列颠之战中，由于大雾弥漫，英国皇家空军与入侵的德国飞机在伦敦上空展开近距离激战。图中为双方飞机的尾气。

中途岛海战

——制空权与制海权

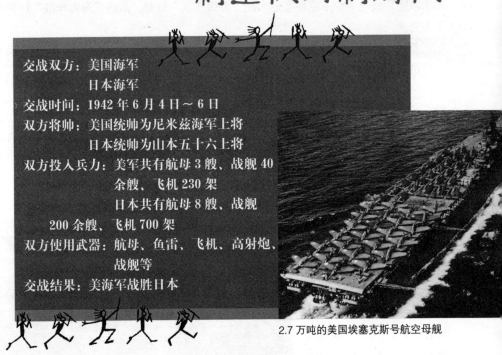

交战双方：美国海军
日本海军
交战时间：1942 年 6 月 4 日～6 日
双方将帅：美国统帅为尼米兹海军上将
日本统帅为山本五十六上将
双方投入兵力：美军共有航母 3 艘、战舰 40
余艘、飞机 230 架
日本共有航母 8 艘、战舰
200 余艘、飞机 700 架
双方使用武器：航母、鱼雷、飞机、高射炮、
战舰等
交战结果：美海军战胜日本

2.7 万吨的美国埃塞克斯号航空母舰

历史回顾

日本联合舰队总司令山本五十六为吸引住美太平洋舰队的主力，以突袭策略击溃美军，攻占中途岛，他决定首先把敌人的海军兵力向南面吸引，攻击南太平洋的美拉尼西亚，切断美军同澳洲的联系，然后再把他们向北面吸引，袭击北太平洋阿留申群岛，牵制美军兵力。同时集中自己的兵力从中路进攻，占领中途岛，迫使美军接受决定性会战，从而夺取制海权，达到控制北、中、南太平洋的战略目的。

5 月 7 日凌晨，日美海军在南太平洋的珊瑚海展开了人类战争史上航母的首次交锋，揭开了日美中途岛战役的序幕。8 日晚，双方各损失航空母舰一艘，美军却挫败了日本攻占莫尔兹比港的计划。

南侵的同时，山本几乎将全部的兵力都集中在中途岛和阿留申群岛上。他把部队分成 5 支，北区兵力向美军海军基地荷兰港实施瘫痪性轰炸，摧毁其指挥体系，掩护日军攻占阿留申群岛。以此为诱饵，吸引美舰队注意力，然后主力军以隐蔽行军，渐渐接近中途岛，并以突袭方式一举攻占之。

6月3日，日本北区兵力按计划对荷兰港开始了猛烈的空袭。但美军却按兵不动。日军未遭到严重抵抗就顺利地实现阿留申群岛的登陆计划。

原来，美太平洋舰队尼米兹上将已风闻日本有在中太平洋发动进攻的计划，当时美军已掌握了破译日本无线电报的密码，对日本的作战计划了如指掌。针对日军的作战部署，尼米兹上将调集航空母舰3艘，其他战舰40余艘和230余架飞机，分成两个混舰队，一面部署了以中途岛为中心的700海里远距离的航空侦察，一面加强该岛的防御工事。面对具有绝对优势的日本海军舰队，尼米兹将部队部署在中途岛东北面200海里处，隐蔽待机，计划从侧翼对敌人进行突袭。

6月3日，在距中途岛570英里的海面上，美侦察机发现敌舰队，并对其进行

历史背景

日本于1941年12月7日偷袭珍珠港，发动了太平洋战争，随后的三个月，便完全控制了西太平洋海域，为扩大日本的"外防御圈"，日本企图占领中途岛。中途岛位于太平洋中部，是北美和亚洲之间的海上和空中交通要冲。自1867年被美占领后，成为美军的重要海军基地及夏威夷群岛的西北门户。1942年4月18日，美太平洋舰队的航母战机空袭东京，震惊了日本。为消除威胁，日本决心进攻中途岛，从而消灭美太平洋舰队。

中途岛海战的失利，使日本将战争的主动权拱手相让。

在偷袭珍珠港仅仅6个月后，日本海军在中途岛遭受前所未有的大败。山本五十六曾对首相说："凭日本的工业，根本不能与美国为敌，同其抗衡。如果（日美）非打不可，在开始的当年或一年中可以奋战一番，并有信心争取打胜。但战争如果持续下去，以至拖到二年三年，那就毫无把握了。"他的预言果然应验了。

轰击，但无一命中。4日，距离中途岛240英里的日军开始实施第一次轰炸，中途岛完善的防御体系使日军并未达到理想效果。于是，日军准备用已挂上鱼雷攻击美舰船的飞机改装炸弹，对中途岛实施第二轮轰炸。这时日侦察机发现美舰队，日军又立即卸下炸弹重挂鱼雷。混乱之机，美战机升空开始对日航母进行攻击。最初的进攻均被日战斗机击退，41架鱼雷机仅有6架生还。上午10时多，日战斗机受到美鱼雷机的牵制，使麦克劳斯基少校指挥的美俯冲式轰炸机没受到拦截，开始对日"赤城"号和"加贺"号航母进行狂轰滥炸，两

在太平洋战场上，美、日疯狂争夺海上霸权。

艘航母爆炸沉没。甲板上挤满正在加油的飞机的"苍龙"号也遭到了美3颗1000磅
重的炸弹的轰炸，烧成了一片火海。第二天，美军"约克敦"航母和日军的"飞龙"
航母也先后被击沉。

山本得知已损失4艘航母，而美军则还有两艘。于是他放弃了进攻中途岛的计划。
此役中，日军损失航母4艘，巡洋舰1艘，飞机322架。美军损失航母和驱逐舰各1艘，
飞机147架。

双方策略战术

中途岛之战，日军采用突袭的策略，运用诱敌出击，集中兵力攻击中途岛，奇
袭美军。但美军破解日军无线情报密码，将计就计，运用扩大侦察范围，加强防御工
事，隐蔽待机，从侧翼突然袭击的战术重创日军。

重要意义

中途岛海空大战，使日军损失惨重，被迫停止了战略上的全面进攻。美军决定性的
胜利，扭转了太平洋战争中的被动局面，改变了双方兵力对比。此役体现出在现代海战中，
制空权是掌握制海权的前提。

斯大林格勒保卫战
——世界反法西斯战争的转折点

交战双方：苏联军队
　　　　　德国军队
交战时间：1942 年 7 月 17 日～1943 年 2 月 2 日
双方将帅：苏联统帅为朱可夫
　　　　　德军统帅为鲍罗斯
双方投入兵力：苏军共约 110 万人
　　　　　　　德军共约 100 万人
双方使用武器：坦克、装甲车、飞机、火炮、步枪、火箭炮等
交战结果：苏　联军取得了保卫战的胜利

"斯大林 –3"重型坦克。专为对付德国
"虎王"而研制，被西方称为"拥有战
列舰级装甲的坦克"。

历史回顾

1942 年 7 月 17 日，德军精锐部队第 6 集团军 27 万人在鲍罗斯将军的指挥下，向斯大林格勒逼进。

斯大林格勒位于伏尔加河下游西岸，是连接苏联欧洲南北水陆的交通枢纽，也是重要的军事工业基地。该城一旦失守，将会切断莫斯科和高加索地区的联系，进而威胁到巴库的石油和库班的粮食。还可北上迂回莫斯科，南下切断英、美支援苏军的供给线，并染指中东和印度洋，打通日德联系通道，它的得失将会影响到整个战局。因此，苏联决定死守该城，并在奇尔河、齐姆拉河一

斯大林格勒巷战场面

9月23日，德军从西面和西南面逼近城市。保卫斯大林格勒市区的任务主要由第62集团军和64集团军共同担负。市内展开了激烈的巷战，每一条街道、每一个工厂、每一座学校、每一幢楼房，都要经过多次反复争夺。

线布置了顽强的防御部队，迟滞德军的推进速度。

7月24日，德军接近斯大林格勒西面的顿河河岸大弯曲部，企图对苏军进行两翼突击合围，进而从近道直逼该城。但是由于燃料和弹药的缺乏，以及第4装甲军团调往高加索战场，进攻斯大林格勒的德军只能停在卡拉赤正面的顿河岸上。30日，希特勒开始调集部队增援鲍罗斯，第4装甲军团又被调回，从西南向斯大林格勒进攻。8月3日攻占了科特尼可夫，9日，遭到苏军的激烈抵抗而被迫转入防御。这时鲍罗斯在苏军的顽强阻击中攻占了顿河上的一个据点，并占领卡拉赤。23日占领了斯大林格勒城北面近郊，计划从北面沿伏尔加河实施突击夺取该城。他派出2000架次飞机昼夜对城区进行狂轰滥炸，整个城市变成一片火海。苏空军及防御兵也对德军进行激烈反击，击落敌机120架。苏统帅部急调预备部队对德军实施侧翼反击。德军继续增加兵力，9月底，德军已达80多个师，主力都转移到斯大林格勒会战之中。

9月15日，德军全面进攻斯大林格勒。在飞机、大炮及装甲坦克的配合下，德军于23日突入城核心，勇敢的苏军与敌人展开了巷战。为争夺一座房子、一条街道，常常是几经易手。夜以继日的激战使斯大林格勒变成了第二个凡尔登。希特勒命令变换战术，用炮火和飞机把该城变为废墟。直到11月12日，德军从该城的南部冲过伏尔加河，却付出了70万人的惨重代价，迅速攻占该城的企图及整个战局计划被打破。苏军的疲惫消耗战为统帅部组织反击争取了时间。

历史背景

第二次世界大战中，德军在莫斯科战役中遭到惨败，被迫放弃了全面攻势，但德军在各地战场面积的扩大和大规模的战役，使石油的补给量成为制约其战争进程的严重问题。若没有新的石油补给，战争难免将崩溃。希特勒遂决定获取苏联高加索油田。德军统帅部趁欧洲尚未开辟第二战场的有利时机，继续增强东线苏联境内的军事力量。1942年夏季改为在南线实施重点进攻，企图迅速占领石油资源丰富的高加索和粮食充足的斯大林格勒。

9月份两军鏖战正激之时，苏军朱可夫元帅就开始组织策划反击计划，并隐蔽调集110万兵力集中在顿河以北的森林中，准备伺机大反攻。朱可夫兵分两路，一路以德中央集团军群为目标，以阻止其向顿河战线增援；一路则与斯大林格勒以南的攻击配合，从北面攻击德军。

　　11月19日，苏军反攻开始，南北两侧强大的钳形进攻，包围了德军第6军团等30万人，

被苏联红军俘获德军统帅及其家属

这次会战历时长达200天之久，法西斯集团在会战中被打死、打伤、俘虏和失踪的官兵约达150万人，占其在苏德战场作战总兵力的1/4。

并一举攻占了德军交通瓶颈罗斯托夫。鲍罗斯的处境艰难，储备物资早已枯竭，补给也基本中断。为解救被围德军，希特勒将全部预备部队投向斯大林格勒。苏军的顽强阻击使解围计划破产。12月21日，欲突围的鲍罗斯却因燃料不足而无法机动，希特勒仍下令死守斯大林格勒。

　　1943年1月底，德军在顿河上的全部正面军被苏军击溃。包围圈越缩越小，苏军南北对进，将德军分割成多个孤立的集团。31日，德军开始整团整师地陆续投降。2月2日，包括鲍罗斯在内的24位将官、2000名校级以下军官和9万残存士兵全部投降，斯大林格勒保卫战结束。

双方策略战术

　　此役中，希特勒以抢占石油、粮食丰富的高加索和斯大林格勒，改善部队能源供给为策略，运用分兵出击速战战术；但苏军采用积极防御策略，充分发挥疲惫消耗、待机反击、南北夹击、围敌打援、分割敌人、各个击破等灵活战术，使德军惨败。

重要意义

　　这次会战为苏德战争乃至整个第二次世界大战的根本转折，做出了决定性贡献。苏军从德军手中夺取了战略主动权，转入战略进攻，极大地鼓舞了世界反法西斯同盟国。

特种部队

　　特种部队的概念几乎和战争本身一样古老。

　　早在波斯帝国时期，帝王就拥有一支由10000人组成的"不朽"部队，他们不仅是皇室卫队，战争期间还是关键的作战部队。到13世纪和14世纪，开始出现真正的精锐部队，瑞士创立了步兵部队——长枪兵，奥斯曼土耳其创立了禁卫军……拿破仑统治时期，在对外战争中，帝国卫队成为法国制胜的关键力量。19世纪中期，特种部队的性质发生了一些变化，一种小规模的、不是很正式的编制开始出现。比如在美国内战期间，在南联盟出现的莫斯比骑兵部队，他们人数不多，主要任务是破坏北方联军的交通线和给养仓库。进入20世纪，特种部队发生了更大的变化，相对于整个军队来说，他们的规模变得更小了，他们配备有专业武器和装备，以小分队的形式作战。在现代化国家地区中，特种部队正在成为越来越重要的防御力量。

美国中央情报局徽章

土耳其禁卫军
土耳其禁卫军是土耳其的第一支特别单位，图中兵携带一支剑和一支火枪，燃烧的绳索是火枪用来点燃火药的。

第1特种作战分遣队（"三角洲部队"）
国家：美国　人数：360　职能：反恐、人质救援、破坏、敌后袭击、侦察、训练外国部队

第101空降师
国家：美国　人数：16000　职能：空降突击

阿尔法旅
国家：俄罗斯　人数：保密　职能：反恐和人质救援

"休勃特"突击队
国家：法国　人数：80　职能：海上突击、侦察和潜水作战

海军"海豹"部队
国家：美国　人数：2500　职能：海上突击、反恐、侦察和潜水作战

皇家海军陆战队
国家：英国　人数：5000　职能：两栖攻击

S'13部队
国家：以色列　人数：保密　职能：海上行动和潜水作战

"绿色贝雷帽"部队
国家：美国　人数：6000　职能：敌后袭击、人道主义和民事行动、侦察、反恐和外国部队训练

多国部队的狙击手

美国南北战争期间，北军的柏丹将军曾招训一个狙击特别小组，此举可视为美军正式训练狙击手的起源。图为在密西西比州的维克斯堡战役中，多国部队狙击手向盟军狙击手开火。

伞兵巡逻

伞兵团第一营的官兵从"切诺克"直升机上顺着绳子下到丛林里的隐藏点，他们的任务是控制马格比尼村。

人质的位置

6点40分

272名英军分乘一艘船和一架直升机悄悄抵达位于奥克拉山区的两个村庄马格比尼和格里巴纳

7点

人质乘飞机安全离开。在发动袭击到把人质全部救出只用了短短20分钟，即使整个战斗结束也不过90分钟。

马格比尼　罗基尔河

英军包围了建筑物　格里巴纳

现代特种部队巴拉斯行动

塞拉利昂当地时间2002年9月10日，联合国维和部队对叛军"西边男孩"基地发动突然袭击。这次突袭行动代号为"巴拉斯行动"，由伞兵团和英军特种部队共同发起。

6点40分

英国伞兵搭载两架"切诺克"直升飞机前往马格比尼南部，以阻止去往格里巴纳救援的叛军。

诺曼底登陆

——大规模战略性登陆

交战双方：德国军队
英美联军

交战时间：1944 年 6 月 6 日～7 月 24 日

双方将帅：德军总司令为伦德斯特
联军总司令为艾森豪威尔

双方投入兵力：德军 58 个师、160 架飞机
联军 32 个师共 288 万人、
1.57 万架飞机、6000 余艘舰船

双方使用武器：飞机、装甲战车、火炮、步枪等

交战结果：在英美联军的攻击下，德军溃败

历史回顾

　　1943 年 12 月 6 日，美艾森豪威尔被选定为联军总统帅，开始着手准备这场战略性战争。1944 年 1 月 21 日，艾森豪威尔及参谋部结合各种条件，决定在法国西北部的诺曼底登陆。计划从卡朗唐到奥尔尼河之间占领一个立足点，并攻占瑟堡和不列塔尼的各港口，英第二军团在卡昂地区进行突破，吸引敌人预备队。美第一军团趁势登陆，从西面侧翼实施突破，一直向南前进到卢瓦尔河上。联军正面以卡昂为轴旋转，使右翼向东前进到塞纳河上。

　　1944 年 3 月 30 日开始，联军对德阵地实施不间断的战略性轰炸，对铁路、公路、桥梁、车场、

盟军总司令艾森豪威尔

海防工事、雷达站、飞机场等设施进行大规模的摧毁，不仅造成德军指挥体系的瘫痪，交通运输补给线路的中断，而且最大限度地孤立联军登陆区和塞纳河与卢瓦尔河之间整个联军前进作战区的德军。

英美联军对登陆的突然性特别重视，他们制订了一个伟大的骗敌计划。在英国东南部建造了假总司令部、假铁路、假电厂、假油站、假船只等大规模的系统假象，暗示敌人联军在英吉利海峡最窄处的加来港登陆，时间会更晚些。

1944年6月6日，天气条件不好，艾森豪威尔果敢决定，早已做好充分准备的联军开始发动渡海攻击。海军扫除德军水雷阻碍线，并用重炮轰击敌人阵地。两个空降集团分别在圣梅尔艾格里斯和卡昂东北部的地区降落，担负保卫登陆部队的任务。在舰队重炮和空军猛烈火力的配合和空降师的策应下，登陆联军在卡堡至基尼维尔沿海一线分五个登陆区开始登陆。这些突然攻击，使因天气恶劣而防备松懈的德军惊恐。联军对交通线路的战略轰炸，使德军处于"铁路沙漠"之中；对制空权的绝对控制，使德军防御工事遭到摧残，联军的登陆极为顺利。凭借大西洋长城的防御，德军仍顽强抵抗，夜幕低垂时，联军终于突破防线。

6日下午，希特勒、伦德斯特和隆美尔仍然认为联军的攻击只是佯攻，目的是掩护在加莱方向主力的攻击，于是隆美尔只是用步兵封锁住美军的渗透，用一个装甲军在卡昂地区与英军周旋，而精锐

历史背景

苏德战争爆发后，斯大林便向丘吉尔提出在欧洲开辟第二战场的要求，丘吉尔担心斯大林会代替希特勒而未置可否。美参战后，苏、英、美三国政府多次协商攻击法西斯的战略问题。但各方就时间和地点发生分歧，各国间不同的利益与苏和英美两种不同的社会制度交织在一起，错综复杂，争论不休。但是法西斯的扩张，又使他们不得不相互妥协。几经周折，各方求同存异，在1943年11月的德黑兰会议上，三方最终达成开辟第二战场的协议。

盟军在诺曼底登陆的场面
6月6日凌晨，一项代号为"D"日的军事行动在诺曼底海滩开始。以2万多空降伞兵为先导，近16万部队在空军的掩护下，从朴次茅斯启航，横渡英吉利海峡，一举突破了德军防线——"大西洋壁垒"。

部队第 15 军团仍部署在安特卫普与奥尔尼河之间。

6 月 12 日，联军登陆区连成一片，开始向诺曼底中部推进。27 日，瑟堡守兵投降。但在德军的顽强抵抗下，联军进展缓慢，直到 7 月 25 日，才推进到卡昂、科蒙、圣洛以南地带。艾森豪威尔决定发动全面进攻，部队开始向法国心脏进攻。8 月 15 日，美第 7 军团侵入法国南部，对德军造成钳形阵势。苏联的反攻，牵制住德军的大股部队，没有预备队的德军遭到联军的痛击，损失惨重。8 月 19 日，巴黎被联军攻占，诺曼底登陆以联军的胜利而结束。

双方策略战术

诺曼底登陆是英美联军反法西斯战争中的战略之战，以开辟欧洲第二战场、策应苏德战争为战略目标，采用战略性轰炸策略，最大限度地使敌人交通、指挥、补给瘫痪，运用造制假情报、声东击西、突袭、海陆空联合作战，先控制制空权等战术，击退敌人。而德军以假为真，造成战略决策的失误、丧失交通线、兵力调度不利等而损失惨重。

重要意义

诺曼底登陆是战争史上最大的登陆战役，它为开辟欧洲第二战场奠定了基础，使战争进入反法西战争的最后决战阶段，加快了欧洲解放和第二次世界大战结束的进程。

针对登陆日的确定，各军兵种曾根据自己的需要提出不同要求，陆军要求在高潮上陆，以减少部队暴露在海滩上的时间；海军要求在低潮时上陆，以便减少登陆艇遭到障碍物的破坏；空军要求有月光，便于空降部队识别地面目标，最后经认真考虑，联军统帅部才确定在 6 月 5 日登陆。

朝鲜战争

——中朝人民的胜利

交战双方： 中朝联军
韩国及联合国军

交战时间： 1950 年 6 月 25 日～1953 年 7 月 27 日

双方将帅： 中朝联军为彭德怀、金日成
韩国及联合国军为李承晚、麦克阿瑟

双方投入兵力： 中朝联军共 180 万人，其中中国人民志愿军 135 万人
韩及联合国军共 120 万人，其中韩国军为 64 万人

双方使用武器： 喷气式飞机、大炮、坦克、装甲战车等

交战结果： 以中朝军民的胜利而告终

历史回顾

1950 年 6 月 25 日，金日成以南朝鲜侵犯三八线为由，依据事先计划，命令人民军开始大举越过三八线，向南朝鲜发起攻击。在朝鲜劳动党中央委员会总书记金日成的领导下，人民军从东、中、西三线向南方实施突击，一路势如破竹，很快就攻占了汉城、春川和江陵。韩军只好南撤，虽未遭包围，也损失 2 万余人。

战争爆发的同天，美国利用苏联抵制安理会而不参加会议的机会，操纵安理会通过决议，指责北朝鲜为侵略者，并于 27 日派驻远东美海空军武力介入战争。7 月 7 日，美又操纵安理会通过组建联合国军的决议，任命驻远东美军司令麦克阿瑟为联合国军总司令。

虽然美军已投入战争，并占有绝对的制空权，但勇猛的人民军冒着美空军的狂轰滥炸和猛烈的阻击，横穿汉江，强渡锦江，20 日在南朝鲜临时首都大田歼敌 3.2 万余人。8 月 8 日，人民军抢渡洛东河，重创美军，把敌人压缩在釜山沿岸地带。

9 月，麦克阿瑟指挥联合国军在其舰队重炮和飞机的轰炸掩护下，实施大规模进攻。一方面组织釜山残军进行反攻，一方面率其主力从仁川登陆发起总攻，企图

中国人民志愿军雄赳赳、气昂昂跨过鸭绿江。（底图）

战争中流离失所的朝鲜人民

朝鲜战争历时3年零32天，给朝鲜人民造成极大的灾难。为了战争的胜利，中朝人民付出了重大牺牲，但最终的胜利极大地鼓舞了世界殖民地、半殖民地国家人民争取独立、和平、民主的正义斗争。

切断人民军的退路。补给困难、连续作战而疲惫的人民军防线不断被突破，人民军于10月1日被迫退回三八线以北。联合国军趁势从东、南向平壤实施钳形进攻，在空降兵的配合下，19日攻占平壤。联合国军继续把战火向中朝边境鸭绿江畔扩大，并轰炸了中国村庄，中国安全受到严重威胁。

美国政府无视中国政府发出的警告。在朝鲜的请求下，10月初，中国人民志愿军在彭德怀司令的指挥下，跨过鸭绿江，投入抗美援朝、保家卫国的战争。

25日，志愿军利用联合国军尚未发现其入朝，正分兵冒进的有利时机，采用运动歼敌策略，给敌人以突然性打击，一举将其驱逐到清川江以南。接着，志愿军采取积极防御，诱敌深入，创造有利条件，以运动战为主，并与部分阵地战、游击战相结合的方针，因势利导，避强击弱。在敌人机群狂轰滥炸中，志愿军克服交通线被毁、供应不足、气候寒冷等困难，英勇与联合国军周旋，连续四场战役告捷，围歼重创大批敌人，迫使联合国军从总攻击变成总退却。1951年6月10日止，共歼敌23万人，其中美军11万余人，扭转了战局，双方战线稳定在三八线附近。麦克阿瑟被免职。23日，苏联提出和平解决朝鲜问题，交战双方接受。

7月10日，朝鲜停战谈判开始。美国为使朝中在谈判中屈服，策划了夏季和秋季攻势。联合国军利用海、空优势实施以轰炸封锁交通运输线，切断中朝联军供给为目的的绞杀战和旨在制造疫区、企图削弱其战斗力的细菌战。中朝军队采取持久作战、积极防御的战略，由运动战为主转为阵地战为主。利用不同地形构筑坑道、修建野战

历史背景

第二次世界大战后期，苏美两国在朝鲜半岛协同对日作战，以北纬38度线为界将其分为南北两部分。1945年8月，反法西斯战争胜利，美苏两国商定仍以38度线为界进驻朝鲜南北，接受日本的投降。在两国的支持下，朝鲜南部建立以李承晚为总统的大韩民国；朝鲜北部建立以金日成为首相的朝鲜民主主义人民共和国，朝鲜形成了南北分裂的局面。南北双方都积极备战，决定以武力统一朝鲜。1948年12月，苏联从朝鲜撤军，翌年6月，美军也撤出部队。而朝鲜南北双方在三八线附近的武装冲突日益激化，终于导致了全面内战的爆发。

工事,阵地防御和运动反击相结合,消耗、疲惫联合国军。在打小歼灭战的思想指导下,积少成多,大量消灭敌人的有生力量。中国志愿军与后备军轮番入朝作战,空军得到苏联的支持。两年内歼敌 72 万人,其中美军近 30 万。

1953 年 7 月 27 日,美国被迫签订停战协议,历时 3 年多的朝鲜战争结束,志愿军伤亡、失踪的约为 36 万余人。

双方策略战术

联合国军凭借先进装备和海空优势,采取掌控制空权、切断中朝军队供给等战术,但受到朝鲜地形和交通的限制而未充分发挥其优势。中朝军队扬长避短,以持久战、防御战为指导,采用迂回运动、游击穿插、集中兵力打小歼灭战的灵活战术,消减敌人有生力量,取得胜利。

重要意义

朝鲜战争确立了南北朝鲜的军事分界线,这场战争的胜利,打破了美帝国主义不可战胜的神话,新中国的国际威望空前提高。这次战争也极大地鼓舞了世界殖民地、半殖民地人民的民族解放战争。坑道与野战工事相结合的防御体系丰富和发展了攻防作战理论,喷气式飞机的第一次运用为作战样式带来新气息。

1953 年 7 月 27 日,《朝鲜停战协定》在板门店正式签订。

1953 年 7 月朝鲜停战协定签订时,双方战死 60 多万军人、死亡 200 多万朝鲜平民,这场战争给朝鲜人民带来极大的灾难。

越南战争
——特种战争与人民战争

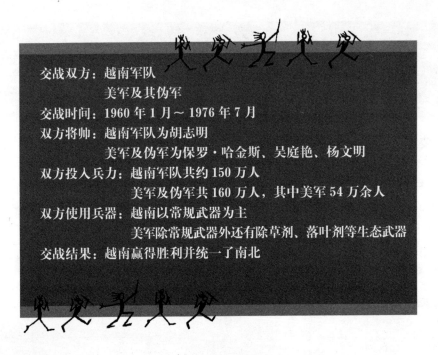

交战双方：越南军队
　　　　　美军及其伪军
交战时间：1960 年 1 月～ 1976 年 7 月
双方将帅：越南军队为胡志明
　　　　　美军及伪军为保罗·哈金斯、吴庭艳、杨文明
双方投入兵力：越南军队共约 150 万人
　　　　　　　美军及伪军共 160 万人，其中美军 54 万余人
双方使用兵器：越南以常规武器为主
　　　　　　　美军除常规武器外还有除草剂、落叶剂等生态武器
交战结果：越南赢得胜利并统一了南北

历史回顾

　　吴庭艳上台后，5 年内残害革命者 8 万余人。在越共的领导组织下，1960 年 12 月 20 日，以越共为核心的人民解放武装力量组建起来。

　　1961 年 5 月，为保护吴庭艳政府，美国出钱、出枪、出装备，武装南越伪军，并派遣一支特种部队作为顾问，对越南人民解放武装军队进行剿杀，开始了美国利用越南人打越南人的"特种战争"。1962 年 2 月，美国在西贡设立军事司令部，由保罗·哈金斯将军指挥。南越伪军在美国的指使下，在南方建立 1.7 万个"战略村"，周围用带刺的铁丝网和碉堡围圈，将整个南部划分成为较小的若干地区，使越共很难渗透到村里，群众也全部被囚禁在村里，"战略村"成了变相的集中营。人民解放游击队针对敌人的战略村计划，想方设法与群众联系，将战略村变成战斗村。

　　1963 年 1 月，美获省丐礼县北村对敌人的扫荡进行勇猛的反击，击伤击落美直升机 15 架，粉碎了敌人的扫荡。到年底，南方游击队共打死打伤美军 2000 余人，南方

历史背景

第二次世界大战后，越南共产党领袖胡志明宣布越南独立，但法国并不想放弃对越南的殖民统治。1954 年，在由中、美、苏、英、法等 23 个国家参加的日内瓦会议上，法国承认了印度支那三国的独立、主权和统一的地位，并同意从三国撤军。美国出于在远东的利益和其全球性战略考虑，一心想在该地区取代法国，因此，美国拒绝在日内瓦协议上签字，只表示不会使用武力威胁来妨碍协议的实施，暗中却指使吴庭艳在南越成立南越共和国傀儡政权。

大部分地区获得解放。

南越的军事受挫，使美国统治者愤怒。1963 年 11 月，美国策划政变，杀死吴庭艳。1964 年初，"特种战争"宣告结束。

1964 年 8 月 5 日，美国借口其驱逐舰"马多克斯号"在越南领海被北越鱼雷袭击，制造了"北部湾事件"。美军开始对北越义安、清化、鸿基等地进行连续空中轰炸，企图以"逐步升级"的局部战争取代原来的"特种战争"，以挽回败局。接着，美军实行焦土政策，对北方进行大规模的轰炸，对南方不断增兵。

越南群众极其愤怒，他们积极参加民族解放军和游击队，采用奇袭战、游击运动战、伏击战，围点打援，给美军及伪军沉重打击，歼灭美军 6000 余人。

1968 年 1 月 30 日，南方军民开始对大中城镇进行攻击，对西贡、岘港、顺化等 64 个城市展开全面的"新春攻势"。45 昼夜的激战，歼灭美及伪军 15 万余人，

越战期间，美国向越南投下了 800 万吨炸药，远超过第二次世界大战各战场投弹量的总和，这场战争造成越南 160 多万人死亡和整个印度支那 1000 多万难民流离失所，家破人亡、妻离子散的场景随处可见。

战争间隙的美国大兵们正在"忏悔"，请求上帝减轻自己的罪孽，完毕以后他们再重回战场继续其凶残的杀戮。

赢得了新春大捷。美军虽然拥有各种兵种54.5万人，伪军110余万人，但在战场上完全陷入被动防御。

1968年3月11日，美国被迫提出和谈。企图一面和谈，一面继续增兵，搞战争升级。越南军民的顽强反击，使计划屡遭失败。美国总统尼克松上台后，迫于国内及国际压力，不得不调整侵越政策。不甘心失败的美国政府决定实行"战争越南化"，一面从越南撤军，一面由南越伪军承担美军作战任务。

1973年1月27日，美国被迫签订《巴黎协定》，宣告结束其在越南的军事行动。但变相地使2万余名军事顾问和相当规模的海空部队留守越南，支援南越伪军。

1975年3月，在胡志明的领导下，越南民族解放军和游击队展开了大规模的自卫反击战，在顺化、岘港、西贡会战中，全歼阮文绍伪军，彻底解放了整个越南，结束了越南人民战争，实现了全国的统一。

双方策略战术

整个战争中，美国统治者采用特种战争和局部战争的策略，运用"战略村"隔绝军民联系的战术，给越南人民造成灾难。但越南军民奋起反抗，充分利用游击战、奇袭战、伏击战，围点打援，各个击破的战术，粉碎了美军及伪军的企图，取得最终的胜利。

重大意义

越南战争，使美国遭到惨重失败，从此美国的霸权开始衰落。越南虽然赢得胜利并实现了统一，但战争的残酷，尤其是美国在越南使用的大量除草剂、除叶剂等生态武器，给当地群众带来极为深重的灾难。

1972年6月，美军一颗凝固汽油弹投到南越壮庞村，所造成的景象令人惨不忍睹。（底图）

中东战争

——旷日持久的民族冲突

交战双方：以色列军队

            阿拉伯国家联军

交战时间：1948 年 5 月 15 日～1982 年 9 月 15 日

双方使用武器：坦克、大炮、飞机、装甲车、战舰、导弹等

交战结果：双方交战中，以色列军队胜多负少

以色列伞兵使用的 MIA 卡宾枪

历史回顾

    1948 年 5 月 15 日，阿拉伯国家军队集结几万大军从四面围攻以色列，第一次中东战争爆发，刚刚立国的以色列伤亡惨重。在美、苏、英等国的活动下，双方同意停火四周。这给了以色列喘息之机，以趁机迅速扩充军队，从法、英、捷等国购进大批武器装备，迅速组建了陆海空三军，调整作战部署。经过充分准备，以军于7 月 9 日向阿军队发起"十天进攻"行动。阿拉伯国家思想不统一，造成军事上的被动，虽然局部击退了以军进攻，但以色列夺取了阿拉伯约 1000 平方公里的土地，这使阿内部矛盾进一步激化。10 月 15 日，以乘势向加利利地区和内格夫发起攻击，进展顺利。1949 年 1 月 7 日，双方停战，参战国签订停战协议。战争激化了阿拉伯国家和以色列及美英等国的矛盾，中东局势混乱不堪。

1956 年 10 月 29 日，为夺得苏伊士运河控制权，英法两国怂恿以色列入侵埃及的西奈半岛，第二次中东战争爆发。为配合以军的进攻，英法两国出动飞机轰炸埃及军事基地，吸引埃军主力。接着，以色列军队大举进攻，英法军队也从塞得港登陆，向运河区进攻，切断埃军退路，围歼埃军。埃及总统纳塞尔识破英法企图，命东部军区切断以军空降兵退路，利用地形优势将以军围困于米特拉山口。为实现"中间突破"，以军迂回攻击埃军防守薄弱的达卡山口，威胁西奈北部埃及主力。10 月 31 日，以军攻占阿布奥格拉。11 月 6 日，英法炮轰塞得港，企图利用陆战队一举占领运河区，但遭到埃及军民的奋勇反击。后来，英、法、以被迫接受联合国的停火决议，先后从埃及撤军。

历史背景

中东地区包括埃及、叙利亚、黎巴嫩、约旦、科威特、巴勒斯坦和以色列等 18 个国家和地区，是连接亚、非、欧三大洲的枢纽，不仅战略位置极为重要，而且拥有丰富的石油资源。巴勒斯坦又位于中东的中心，是三大洲的要冲，历史上一直是强国的争夺目标。1948 年 5 月 14 日，在美英的支持下，犹太复国主义者在巴勒斯坦地区建立以色列国。在阿拉伯区域内建立一个异教徒国家，这被阿拉伯人看作是侵略行径，阿拉伯国家不惜一切代价来抵制以色列国的建立。第二天，埃及、伊拉克、叙利亚、黎巴嫩和约旦等阿拉伯联盟宣布对以色列进行圣战，从此，旷日持久的中东战争开始了。

这次战争之后，美苏为实现各自的战略对中东激烈争夺，以阿双方分别得到美苏军事的援助。1964 年，阿拉伯国家出现空前的团结，巴勒斯坦解放组织建立，以色列感受到合围的严重威胁。为削弱阿联盟力量，消灭巴勒斯坦解放组织，1967 年 6 月 5 日，以出动全部空军，对埃及、叙利亚和伊拉克军事目标进行闪击，发动了第三次中东战争。阿拉伯国家空军及指挥体系陷入瘫痪，以陆军趁势向纵深发展，虽然遭到顽强阻击，但埃及、约旦、叙利亚等国也遭到重创，以占领了加沙地带、西奈半岛、约旦河西岸、耶路撒冷旧城和叙利亚戈兰高地。

埃及、叙利亚为收复失地，进行周密准备，于 1973 年 10 月 6 日穆斯林的斋月节和犹太教的赎罪日发动第四次中东战争，对以进行突然袭击。埃军飞机摧毁了以防空系统、雷达通信系统等重要军事目标，有效压制住以军火力，陆军突破了苏伊士运河东岸巴列夫防线，不仅收复失地，还控制了运河东岸 10～15 公里地区。叙利亚兵分三路向戈兰高地进攻。以军采用先北后南策略，运用正面突击和迂回相结合战术阻止住叙利亚军

以色列特种部队

在以色列特种侦察部队中，一支被称为"红魔鬼"的空降突击队最令人瞩目。在 1973 年 10 月 6 日的"赎罪日战争"中，"红魔鬼"对伊拉克坦克旅发动突然袭击，当空袭突击队员搭上直升机返回时，伊拉克 T—62 坦克旅已陷入火海中。

的进攻后，利用美侦察卫星提供的情报，趁埃及运河西岸兵力空虚之际，插入埃军空档，切断了埃军的相互联系，使埃军腹背受敌。以军控制了战争主动权。24 日，在国际社会呼吁下，双方实现停火，但埃及运河西岸部分领土和叙利亚戈兰高地以东的部分土地被以占领。

　　巴勒斯坦解放组织为建立自己的国家，积极展开对以斗争。1970 年，巴解组织及游击队进驻黎巴嫩，给以北部造成严重威胁。1982 年 6 月 6 日，以驻英大使遇刺，以怀疑是巴解组织所为，便集结陆海空 10 万大军对黎巴嫩发动旨在消灭巴解组织、挤走叙利亚在黎驻军的第五次中东战争。

　　以军兵分四路进行立体进攻，5 小时的炮击空袭后，在海空火力的支援下，地面部队采用东路牵制、中路助攻、西路为主的战略，空军则以消除对方防空能力为目标，对贝卡各地的叙利亚导弹基地进行袭击。13 日，以军侵占黎巴嫩大部分土地，巴解组织受到重创，叙军也遭到沉重打击。6 月 27 日，被以包围的巴解组织为保存实力同意撤离贝鲁西区。9 月 1 日巴解组织撤至约旦等 8 个阿拉伯国家。

双方策略战术

　　就战略战术而言，以色列是五次中东战争的胜利者，以军在受到合围时积极采用外交手段组建军队，采用闪击、牵制、迂回、切断敌人退路、摧毁敌人指挥体系等灵活战术，取得绝对优势。而阿拉伯国家虽然利用突袭、伪装、合围的战术取得局部优势，但由于内部分歧，缺乏统一指挥，在武器装备上处于劣势，最终造成失败。

重大意义

　　旷日持久的中东战争，给当地人民带来沉重灾难，使中东局势变得错综复杂。大国的介入更使该地区危机四伏，造成阿拉伯国家和以色列及各阿拉伯国家之间矛盾重重。

英阿马岛之战

——制导武器大显威力

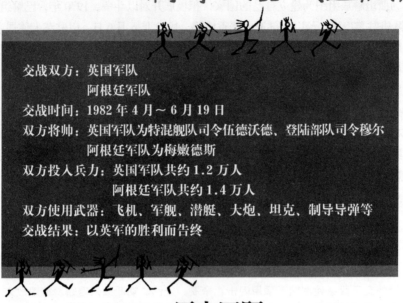

交战双方：英国军队
            阿根廷军队

交战时间：1982 年 4 月～6 月 19 日

双方将帅：英国军队为特混舰队司令伍德沃德、登陆部队司令穆尔
            阿根廷军队为梅嫩德斯

双方投入兵力：英国军队共约 1.2 万人
                阿根廷军队共约 1.4 万人

双方使用武器：飞机、军舰、潜艇、大炮、坦克、制导导弹等

交战结果：以英军的胜利而告终

历史回顾

    1981 年，上任不久的阿根廷总统加尔铁里，就制定了收复马岛的"罗萨里奥"计划。1982 年 3 月 19 日，阿根廷一家公司的工人在南乔治亚岛利斯港拆除一个旧鲸鱼加工厂时，升起了国旗。这引起英国的强烈不满，24 日，驻马岛的英军进行武力威慑。加尔铁里决定趁机实施"罗萨里奥"计划。26 日，阿根廷 3 支两栖特混舰队依照计划分别对目标发动攻击。4 月 3 日，阿军占领马岛，英驻军全部被俘，梅嫩德斯负责驻守马岛。

    英国获悉消息后，立即断绝了与阿的外交关系，成立以首相撒切尔夫人为主席的战时内阁，制定了以武力为后盾，政治、经济、

阿根廷士兵

外交等多方施压，迫使阿根廷从马岛撤军，否则以武力夺取马岛的战略方针。随后，任命少将伍德沃德和穆尔分别担任特混舰队司令和登陆部队司令，准备出征。4月5日，以"竞技神"号和"无敌"号航空母舰为核心的特混舰队第一梯队全速向马岛开进。同时，为保证长途作战补给问题，英政府实施征用商船计划，对征调的商船进行高效迅速的改装。

4月12日，英第一梯队的核潜艇先期到达马岛周围，开始对其200海里的海域实施封锁。4月下旬，英全部兵力到达指定海域。26日，英军攻上南岛，俘虏了阿军150余人，获得了进攻马岛的前进基地。30日，英军利用核潜艇、巡洋舰、近程地对空导弹、高射炮和飞机交织成一个立体火力网，对马岛周围200海里的区

历史背景

马尔维纳斯群岛，由346个大小岛屿组成，位于阿根廷以南500公里处的大西洋洋面上，是大西洋通往太平洋的战略要地。最先发现它的英国人，称之为福克兰群岛。1770年，西班牙通过接受转让和占领取得马岛的主权。后来，阿根廷人民推翻了西班牙的殖民统治，取得独立，并于1816年宣布继承西班牙对马岛的主权。1833年，英国以武力夺取了马岛，10年后往岛上派驻了第一位总督，从此双方为解决马岛的主权问题进行多次谈判，成效甚微，纷争一直延续下来。

域进行海空封锁，企图迫使阿根廷放弃马岛，增强在外交谈判中的主动权，同时为攻占马岛创造有利条件。5月2日，英军为消除阿海军对自己的威胁，打击阿军士气，经战时内阁批准，"征服者"核潜艇向封锁圈外的阿军"贝尔格拉诺将军"号巡洋舰发射了声呐和磁性导航的鱼雷，将其击沉。作为回应，4日，阿3架"超级军旗"采取超低空飞行，躲过英军雷达，向英国造价达2亿美元的最先进的"谢菲尔德"号军舰发射两枚"飞鱼"式制导导弹，给英军造成极大的打击。

为避免英阿冲突可能导致的战争，美国积极进行外交斡旋，但收效甚微。阿军继续向

英阿马岛之战中，英国船"加勒哈德先生号"被击中起火

有西方媒体评论说："这是一场没有赢家只有输家的战争。"在这场血与火的较量中，英国用近千人的伤亡代价和27亿美元的巨额花费仅换来了名义上的胜利，而名义上的失败也没有使阿根廷人放弃争夺马岛主权的斗争，他们在战后把每年的6月10日定为"马岛主权日"。

在这场持续两个多月的战争中，有 254 名英国人和 712 名阿根廷人丧生。图为阿根廷坦克兵正准备与他们的英国对手作战。

马岛增兵，兵力达 1.4 万余人，并调整了岛上的防御体系，重点防守马岛东部的首府斯坦利港口，只对西部部署了少量守兵，其他地区也是分散把守。英军也加紧登陆作战计划的准备。此前，英军通过电子侦察、空降兵全面了解了地形和阿军的兵力部署。为迷惑阿军，伍德沃德派小股部队佯攻达尔文港和福克斯湾，吸引驻斯坦利港的阿军。同时，在高射炮、导弹和"鹞"式战斗机组成的防空体系的掩护下，英主力军从阿军防守最薄弱的马岛最西端登陆。5 月 21 日凌晨，登陆行动全面展开，虽然遭到阿空军的猛烈反击，造成很大损失，但登陆进展顺利。

27 日，英军在陆上从南北两路成钳形攻势向斯坦利港推进。阿军此时采取放弃外围，凭借布下的三道防线坚守斯坦利港。阿军三道防线中，第三道（即加尔铁里防线）最为坚固，它以一系列高地为主，并埋设了大量地雷和障碍，只有一条阿军严密火力保护下的秘道可以通行。

经过周密的勘测，英军于 6 月 13 日标示出通道，随后，开始了对阿军的全面攻击。双方激战 5 个小时，加尔铁里防线被英军突破。14 日，斯坦利港内的阿军投降。15 日，英夺回马岛，战争结束。

双方策略战术

这场战争中，阿军采用充分利用地形进行防御的策略，但对英军作战企图和战略方向判断错误。英军以封锁策略给阿军施压，不成后，改为武力解决策略；最后以构筑防御阵地、分进合击等灵活战术，一举击败阿军。

重大意义

战争的失败，使阿政局动荡，加尔铁里辞职。英国的胜利，加强了撒切尔夫人首相在英国的地位。战争中精确制导武器的应用，改变了传统海战的模式，动摇了以吨位和火力衡量实力的观念，为战争史中海战的防空和反潜丰富了内容。

海湾战争
——高科技战争时代

交战双方：伊拉克部队

　　　　　以美国为首的多国部队

交战时间：1991 年 1 月 17 日～ 2 月 28 日

双方将帅：伊拉克部队为萨达姆总统

　　　　　多国部队为施瓦茨科普夫将军

双方投入兵力：伊拉克共 120 万人、坦克 5600 辆、飞机 774 架、舰

　　　　　艇 60 艘，其中驻科威特 54.5 万人

　　　　　多国部队共 70 万人、坦克 4300 辆、飞机 2000 架、大炮

　　　　　2300 门、战舰 400 艘，其中美军 50 万人

双方使用武器：坦克、飞机、导弹、火箭、大炮等

交战结果：伊拉克以失败而告终

战斗轰炸机 F-15

历史回顾

　　8 月 7 日，为防止伊袭击沙特

阿拉伯，美国实施"沙漠盾牌"计划。

美国以联合国的名义组织一支包括英、法、

加、澳等国在内的 70 万人的多国部队，装备

大批的先进武器，部署在沙特及周边各国。国际社

会一面谴责伊的侵略行径，一面为和平解决海湾问题

而斡旋。1991 年 1 月 5 日，布什向萨达姆发出立即从科威特撤军的最后通牒，

但遭到断然拒绝，于是解放科威特的"沙漠风暴"行动在海湾刮起。

多国部队统帅施瓦茨科普夫将军及其参谋部采用以大规模空袭进行饱和轰炸，切断伊军后方对前方的供给和增援，取得制空权，摧毁伊军指挥和控制中心，最大限度地孤立前线敌人，为地面部队进攻扫清障碍的战略方针。

1月17日凌晨，多国部队凭借空中优势对巴格达进行大规模持续空袭，拉开了海湾战争的序幕。接着，成千上万的飞机和导弹对伊拉克境内的机场、导弹基地、指挥通讯中心、化学核武器工厂、储存设施等进行猛烈轰炸。先进的"爱国者"式和"毒刺"式导弹、F－117隐形轰炸机、B－52远程战略轰炸机等武器大显神通。伊拉克军事设施被大量摧毁，指挥体系也陷于瘫痪。美军每天2000多架次飞机的大规模空袭破坏了伊军交通线和供应基地，炸毁了掩体防御工事。虽然伊拉克军队向沙特、以色列等多国部队的驻地发射了许多苏制"飞毛腿"导弹，但大多被利用卫星电子防御系统的美军用"爱国者"导弹拦截。

30天地毯式超饱和的连续轰炸，摧毁了伊通信枢纽、情报系统，切断了前线伊拉克军队与后方的联系。

2月24日4时，配有夜视系统的多国地面部队，向伊拉克前线部队发起代号为"沙漠军刀"的地面进攻。施瓦茨科普夫精心策划，先派遣一支1.7万人的两栖部队，从科威特东海岸阵地登陆，进行极具威胁的佯攻。萨达姆火速调走科威特南部战线中段

伊拉克"飞毛腿"导弹

在海湾战争中，伊拉克共向以色列发射了42枚飞毛腿导弹，尽管最后只有一个人直接死于导弹袭击，但却有另外15人因心脏病、窒息或者注射防化学解毒药过敏而死亡。如雨一般的飞毛腿袭击给以色列人的正常生活投下了巨大阴影。

伊军支援东线，伊军阵地局部兵力空虚。多国部队趁势从三个方向，兵分四路分别从科威特南部中段、沙特和伊拉克边境西部、伊拉克萨尔曼机场和沙、科边境的右侧实施突袭。在大规模直升机攻击的配合下，多国部队对伊军形成大包围，切断了伊军的供给线路。26日，伊军最后的退路底格里斯—幼发拉底河谷也被封锁。失去统一指挥和补给的伊军在强大的多国部队的猛攻下，节节败退，溃不成军，

扫码获取更多资源

最终被分割成多个孤立阵地。多国部队集中优势兵力，进行各个围歼。

　　27日，萨达姆宣布无条件接受安理会关于伊拉克的决议，28日零时，多国部队停止进攻，旨在迫使伊军撤出科威特的海湾战争基本结束。

双方策略战术

　　此役，多国部队采取大规模战略空袭，对敌人地面部队、后方及指挥系统、军事机器进行轰炸，从后方阻滞敌人，切断供给，摧毁指挥控制体系，孤立战场；并且灵活运用大规模空袭、突袭、佯攻、集中用兵等战术，摧毁敌军斗志。伊拉克军因错误估计形势、军事装备处于劣势导致一败涂地。

重大意义

　　海湾战争是一场现代高科技战争，是当代最新武器的试验场。中东国家大部分卷入战争，阿拉伯世界再次陷入分裂。大国的插手，使海湾、中东地区形势更为复杂。海湾战争深刻反映出世界新格局形成时期各种矛盾的变化。

强大的多国部队对伊拉克进行了一个月密集空袭，2月28日，海湾战争终于结束，科威特获得解放，科威特儿童正欢迎解放者进驻。

科索沃战争

——空中绞杀战

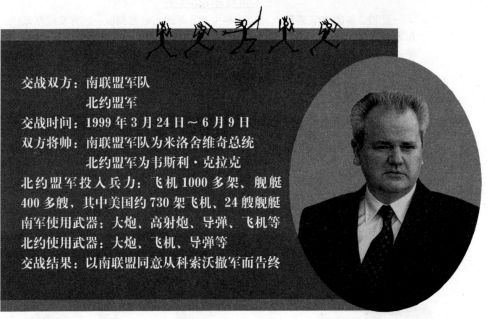

交战双方：南联盟军队
北约盟军

交战时间：1999 年 3 月 24 日～6 月 9 日

双方将帅：南联盟军队为米洛舍维奇总统
北约盟军为韦斯利·克拉克

北约盟军投入兵力：飞机 1000 多架、舰艇
400 多艘，其中美国约 730 架飞机、24 艘舰艇

南军使用武器：大炮、高射炮、导弹、飞机等

北约使用武器：大炮、飞机、导弹等

交战结果：以南联盟同意从科索沃撤军而告终

米洛舍维奇像

北约士兵与塞尔维亚小姑娘

6 月 10 日，根据联合国安理会通过的 1244 号决议，
科索沃国际部队由北约成员国和非北约成员国组成，
总数达到 6 万人。英国军队主要部署在科索沃首府
普里什蒂纳地区，负责组建国际部队指挥部。

历史回顾

科索沃危机伊始，以美国为首的北约就
积极卷入，使其国际化，以便利用科索沃民
族矛盾来扩大北约的影响，实现在科索沃驻
军，控制巴尔干地区，完成东扩目标，并从
该地区排挤出俄罗斯的传统势力。1999 年 1
月，在美国的操纵下，冲突双方进行谈判，
但最终破裂。3 月 24 日，北约以保护人权为
名，对南联盟开始了代号为"盟军"的大规
模空袭行动。

3 月 24 日 19 时，以美国为首，拥有 19
个成员国的北约盟军，在其最高司令兼美军

科索沃是南斯拉夫联盟塞尔维亚共和国的一个自治省，其居民90%以上是阿尔巴尼亚人，其余是塞尔维亚和黑山人。历史上，阿族和塞族长期不和。20世纪80年代末，阿族人要求建立"科索沃共和国"，从塞尔维亚共和国脱离出来。一直视科索沃为家园和宗教圣地的塞族人不愿放弃，两族矛盾激化，阿族极端分子组建了"科索沃解放军"，暴力冲突愈演愈烈。1998年2月，南联盟总统米洛舍维奇派军队对阿武装进行镇压，科索沃局势急剧恶化。

驻欧洲部队总司令韦斯利·克拉克上将的指挥下，一批接一批的北约战斗机、轰炸机和导弹向南联盟军营、防空设施、电厂、通信设施实施猛烈轰炸，科索沃战争由此开始。

27日前，北约空军先后进行四轮空袭，旨在摧毁南联盟的防空体系、指挥和控制中心、军工厂和在科索沃的塞族部队。但南联盟军民并没有屈服，纷纷拿起武器，对北约的入侵进行顽强的抵抗。美国最先进的、拥有不可战胜神话的 F－117 隐形飞机在贝尔格莱德以西 60 公里的上空被击中，坠落在布贾诺夫齐村附近。在海湾战争中显赫一时的"战斧"巡航导弹命中率仅为 20%，多次被南军防空武器截击。

3月28日，美军对南联盟开始了新一阶段的空袭。对南部的南联盟地面军队和军用物资进行疯狂轰炸，试图摧毁南军的军事装备，迫使南联盟屈服。南联盟军队充分利用山多、地形复杂的有利条件和当时多雨多雾的有利天气，分散队形，隐藏弹药等军需物品，不失时机创造局部优势，采用藏、打、运动、迂回相结合的战术，不断使北约的飞机、导弹部队受到突袭。

南联盟军民的反抗，给北约军造成严重损失。4月13日，美总统克林顿宣布对南联盟扩大空袭范围、增加空袭强度，实施 24 小时不间断轰炸。轰炸开始变得惨无人道、丧心病狂，民用设施的桥梁、铁路、公路、工厂、电视台、通信系统、电力系统、供水系统、医院、商店，甚至居民楼都遭到狂轰滥炸。灭绝人性的空中绞杀，使南联盟 1800 多名平民丧生，6000

塞尔维亚人焚烧带有纳粹标记的英国国旗，抗议北约的轰炸。
4月中旬之后的一个月里，误炸平民的消息几乎天天都有：对阿莱克西纳茨城的轰炸造成17名平民死亡；一列客运火车在过桥时被炸成两段；20多人被美国的激光制导炸弹炸死……

北约对科索沃的空袭，造成6000平民伤亡，50多座桥梁被毁，公路、铁路、机场、电站损失殆尽，损失达2000亿美元，百万人颠沛流离。

多人受伤，近百万人沦为难民；20多家医院被毁，300多所学校遭到破坏，交通干线、民用机场、广播电视基本瘫痪。

北约的野蛮行径遭到国际社会的强烈反对，5月7日，中国驻南联盟大使馆遭到北约B－2战略轰炸机的袭击，3名记者死亡，20多名外交人员受伤，馆舍严重毁坏，引起中国人民及世界人民的极大愤怒，北约在国际社会中越来越孤立。

6月5日，在中、俄及联合国秘书长安南的周旋下，北约和南联盟在马其顿举行谈判。9日，双方签署了南军撤退协议书，北约结束了对南联盟的轰炸。

北约依靠其强大的空中军事力量，对南联盟境内的军用、民用目标进行了野蛮轰炸。在长达78天的空袭行动中，北约战机在科索沃击中了南联盟军队约三分之一的武器和车辆，其中包括93辆坦克、153辆装甲车、339辆军用车辆、389门大炮和迫击炮。

双方策略战术

以美国为首的北约采用高强度的空袭策略摧毁南战争机器，迫使南屈服。南军则不畏强暴，充分利用地形及天气优势，灵活运用藏、打、运动相结合的战术，给北约军以重创。

重大意义

科索沃战争，使南斯拉夫人民遭受巨大灾难，联合国宪章和国际法准则遭到践踏，世界和平与发展受到严重威胁。这场战争充分暴露了美国独霸全球的战略野心。

伊拉克战争
——以反恐的名义

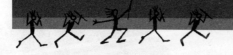

交战双方：美英联军
　　　　　伊拉克军队

交战时间：2003 年 3 月 20 日～4 月 11 日

双方将帅：伊军总统帅为萨达姆总统
　　　　　美英联军总统帅为布什总统

美英投入兵力：24 万余人、航母 4 艘、战舰 50 余艘、飞机 520 余
　　　　　　　架、其中美军 20 万人、3 艘航母、40 余艘战舰、
　　　　　　　500 余架飞机

双方使用武器：飞机、坦克、电子炸弹、导弹等

交战结果：以美英联军的胜利而告终

伞兵执行夜间跳伞任务

历史回顾

　　2003 年 2 月 20 日，美国在海湾地区集结海、陆、空军队近 20 万，英军也有 4 万余人调向这里。美英联军将部队部署在伊拉克周边的沙特、巴林、阿曼、埃及、土耳其等国，并控制住各战略通道。沙特是对伊作战的一线基地。

　　一直与美国对抗的萨达姆也做好了战争准备，除部署在边疆地区的部队外，他还以巴格达为中心构建了严密的防御体系，准备多层阻击和抵抗敌人。

　　3 月 20 日，美军制定的代号为"斩首行动"的计划开始实施，美 F—117 隐形轰炸机和导弹对巴格达进行轰炸，拉开了伊拉克战争序幕。在这次空袭中，美军使用"电子炸弹"攻击伊拉克，这种新式武器产生的高能电磁波使伊军及萨达姆卫队拥有的各类电话、无线电通信和电子计算机等电子设备立刻失灵。同时，美军用精确的制导导弹准确地打击伊指挥和控制中心。

海湾战争后，联合国第687号决议规定，派遣武器核查小组进驻巴格达。美国企图利用核查小组牵制伊拉克，但核查小组一再受挫，美对伊的政策开始转变。9·11恐怖事件爆发后，美国对世界恐怖主义保持高度警惕，并把伊拉克看作是继阿富汗塔利班和基地组织后全球反恐怖战争的打击对象。在联合国核查小组再次对伊进行调查而未发现其拥有核武器和化学武器的情况下，美军以清除伊大规模杀伤性武器为名，发动了旨在推翻萨达姆政权的战争。

为避开美英联军的优势空军和导弹袭击，萨达姆分散兵力，将实力最强的9万共和国卫队、4个特别旅、2个特种部队部署在巴格达周围。并在巴格达周围筑建野战工事，开挖战壕、沟堑，在飞机跑道上放置水泥等障碍物，阻击美英空降部队着陆。

美英联军对伊拉克首都巴格达和其高层领导人的住所等要害部门进行连续三轮的狂轰滥炸。晚21时05分，美英地面部队在战斗机、直升机的掩护下，凭借配备尖端的夜视作战设备，兵分几路对巴格达进行合围，欲以迅雷不及掩耳之势深入巴格达，俘虏或击毙萨达姆。顽强的伊军凭借坚固的防御工事，给美英造成了一定的损失，虽然发射的导弹部分被美国的"爱国者"导弹截击，仍有效地阻滞了敌人的攻势。

联军以惊人的速度突次日，进，准备以闪电式进攻，在短时间内赢得战争，萨达姆的精心布防和顽强的共和国卫队粉碎了美英的"斩首行动"。

4月4日，战争形势发生急剧变化，美英联军经过一番调整，大批的后续援兵

一名美国士兵坐在缴获的伊拉克坦克的塔楼里

美国总统布什于美东部时间5月1日晚9点在从海湾返航的"林肯"号航母上发表讲话，称伊拉克战争的"主要战斗行动"已经结束，联军在战斗中取得了胜利。

伊拉克军队

美国总统布什于美国东部时间 3 月 19 日晚 10 点 15 分在白宫椭圆形办公室发表电视讲话，正式对伊拉克宣战。在美国发动旨在推翻萨达姆的战争 3 小时后，萨达姆身穿军装，头戴黑色贝雷帽发表电视讲话，宣称他的士兵"将战胜敌人"。

到位，又开始重新发动大规模进攻。对巴格达西南的萨达姆机场实施争夺。5 日，巴格达周围的守兵与敌人进行激烈的短兵相接。6 日，联军在巴格达上空进行 24 小时不间断空中巡逻，对市内目标继续轰炸，加强对巴格达外围的控制，力图合围。8 日，联军连连突破伊军防线，开始从南北两方向巴格达市区推进。次日，美军进入市中心。11 日，美军宣布萨达姆政权垮台，大规模的伊军抵抗行动结束。14 日，萨达姆的故乡提克里特市也被联军所控制。

美英联军控制的伊拉克，局势至今一直动荡不安，虽然美军使用了精确制导武器，但也造成大量平民伤亡，伊拉克依靠"石油换食品"的计划也因战争而中断，伊拉克平民受到饥饿的严重威胁。

双方策略战术

美英联军凭借精确的先进武器，采用"擒贼先擒王"的战术，摧毁伊军指挥体系，运用夜视器材，发动闪电夜袭战。伊军采用防御策略，多层设防，层层阻击，分散兵力战术，超额实现了战略层面上的防御目标。

重大意义

伊拉克战争，彻底摧毁了萨达姆的专制统治，也给伊拉克人民造成重大生命与财产损失。战争结束后，伊拉克局势一直动荡不安，国内混乱不堪，影响了伊拉克的社会经济发展。伊拉克战争是人类历史上第一次全程媒体直播的战争，让全世界人民了解了现代化战争。